卓有成效管理者的六项修炼

张国良　著

中国商务出版社
CHINA COMMERCE AND TRADE PRESS

图书在版编目（CIP）数据

卓有成效管理者的六项修炼 / 张国良著 . — 北京 : 中国商务出版社 , 2019.8
ISBN 978-7-5103-3036-0

Ⅰ . ①卓 … Ⅱ . ①张 … Ⅲ . ①企业管理 Ⅳ . ① F272

中国版本图书馆 CIP 数据核字 (2019) 第 178039 号

卓有成效管理者的六项修炼
ZHUOYOUCHENGXIAO GUANLIZHEDE LIUXIANGXIULIAN

张国良　著

出　　版：中国商务出版社
地　　址：北京市东城区安定门外大街东后巷 28 号　　**邮　　编：**100710
责任部门：发展事业部（010-64241423　cctpress@163.com）
策划编辑：邓　明
责任编辑：杨　云
总 发 行：中国商务出版社发行部（010-64208388　64515150）
网　　址：http://www.cctpress.com
邮　　箱：cctp@cctpress.com
直销客服：010-64241423
传　　真：010-64241423
排　　版：胡　椒
印　　刷：北京时捷印刷有限公司
开　　本：710 毫米 ×1000 毫米　1/16
印　　张：14.5　　**字　　数：**186 千字
版　　次：2019 年 9 月第 1 版　　**印　　次：**2019 年 9 月第 1 次印刷
书　　号：ISBN 978-7-5103-3036-0
定　　价：48.00 元

前言

Preface

有人打过这样的比喻：如果把企业比作人体的话，经营层是大脑，员工层是四肢，那么管理层就是人体的脊柱。大家都熟知，脊柱的作用除了上传下达之外，还有一个重要的作用就是把人体支撑起来。我们发现，一个企业强不强，关键在中层；公司的战略能否落地，目标能否实现，关键在中层；员工是否有凝聚力，关键在中层。但是，在现实中很多中层干部的现状并不尽如人意，甚至可以说很多干部不能胜任管理者的岗位。美国管理专家霍根说过：无论在哪里，无论在什么时候，无论什么样的行业，60% ~ 75% 的员工会认为，最大的压力和最糟糕的感受是来自他们的直接上司。多年前美国一家权威机构做过调查发现，美国小企业经营失败的原因中，“经验、管理能力和技巧的缺乏”占到了 92.1%。纵观国内企业不难发现，管理者的素质不够是制约公司发展的主要瓶颈，甚至在某种程度上决定了企业的生死存亡。

现有的管理者，特别是从技术或业务一线走上管理岗位的管理者，都有哪些不良表现呢？美国盖洛普公司调查发现，全球企业中 90% 以上的中基层主管都是从业务能力比较强的业务人员或技术人员中提拔起来的，很多刚刚走上管理岗位的业务人员或技术人员都存在以下问题：

（1）角色不能转换，过度关注业务细节。

（2）认真帮助下属可是他们并不买账。

（3）亲力亲为，忙得焦头烂额，可是上司却嫌效率太低。

（4）希望下属多提意见，可下属却什么都不说，不愿意承担责任。

（5）上司让制订工作计划，却无从下手。

（6）不知道如何分派工作，如何领导团队，更不知道如何确保团队不出差错。

面对这些问题，如何快速解决呢？我认为，没有哪一个管理者是天生的，管理技能不同于领导力，领导力有些来源于天赋，管理技能则是可以通过后天的学习和实践掌握的。管理技能更像是一门如骑车、游泳、厨艺一样的“手艺”，是可以通过后天的学习掌握的。正如管理大师彼得·德鲁克所言：“管理者的卓有成效是可以学会的；卓有成效是一种习惯，是不断训练出来的综合体。”

本书以德鲁克的管理思想为理论基础，提供中、高层主管在组织管理中应具备的管理技能，特别是管理者如何建设高绩效的团队及高效的团队管理方法。通过本书的学习，读者可以掌握企业管理者应该具备的六项技能，从心态方面提升管理者对其职位的认知与认同；提升其对管理职务的价值与贡献；强化管理者掌握其管理范畴之职责与任务并落实于工作中；提升管理者对领导力、下属激励与教导、优化成果的绩效、团队建设的素质和能力。

如何提升自己的管理技能？既然管理技能是一门“手艺”，“手艺”

的掌握不能单单靠读、听、记，更需要进行实践。根据人学习效果的规律发现：阅读只能记住 10% 的内容；看老师示范只能记住 20% 的内容；听老师讲只能记住 30% 的内容；看与听结合只能记住 50% 的内容；与人讨论能记住 70% 的内容；尝试去做能记住 90% 的内容。所以，管理者要做到知行合一才能有效地提升自身的管理能力。

张国良

2019 年 5 月

目 录

Contents

第三项修炼
激发潜能的教导者——教导下属，成人达己

第四项修炼
引爆激情的激励者——激发动力，点燃激情

目 录

Contents

第五项修炼

优化结果的绩效伙伴——瞄准目标，达成绩效

第六项修炼

团队合力的凝聚者——统一步伐，凝心聚力

第一项修炼

找准卡位的管理者
——认清角色，找准位置

成为一个管理者不难，难的是成为一个成功的管理者。

——杰克·韦尔奇

THE FIRST PRACTICE

管理就是管事理人

一个兰州牛肉拉面馆，老板与拉面大师傅的合作出现“危机”：老板先与拉面师傅商定，每卖一碗面，拉面师傅提成0.5元。于是拉面师傅就在每碗面里多放几片牛肉，吸引回头客，拉面师傅抽的钱也多。多放牛肉加大了成本，老板赔了钱。老板就改变做法，给拉面师傅发固定工资，工资额定高一点儿也愿意，只要能把成本控制住就可以。不料拉面师傅在每碗面里少放牛肉，客人就少来了许多。生意清淡，拉面师傅的高工资照拿，乐得清闲，老板则十分着急。

如果您是拉面馆的老板，您将如何解决?

这个问题看似简单，但是一个比较棘手的管理问题。这一问题的解决方案也有很多种。有人认为可以天天盯着拉面师傅；还有人认为可以把拉面师傅炒掉，自己干；还有人认为搞股份制，进行利润分红。靠天天盯着拉面师傅或者把拉面师傅辞退自己做都是背离管理的本质，靠人盯人、人管人的方法只能是一种人治的管理方式，把管理者放到了控制者、约束者的位置，不能最大限度地释放管理者。正确的做法应该是这样的：老板应该把牛肉数量标准确定好，让拉面师傅按照标准去做，按照标准去监督和检查；同时，也可以进行流程的梳理和优化，拉面的工作让拉面师傅去做，放牛肉可以让另一人去做，不能把所有的关键流程都放在一个人手里，这其实做的就是流程的拆解。所以，真正的管理管的是事，理的是人。

管理者要学会修路不修人。千万别把时间天天用在“修理人”上，应该把主要精力放在如何修路上，只要把路修好了，人自然会往路上去走。什么是修路呢？就是要拟定制度、流程、标准和机制。但是现实当中很多管理者每天把很多精力放在修理人上，放在处理具体员工或某个具体问题上，使自己陷入了具体问题或具体事务当中去了。

我们看一个经典的管理寓言：

员工甲、乙两人切分一个苹果，若甲操刀切一份苹果给乙，乙不愿意，唯恐甲切小份给自己。若乙操刀，甲不愿意，理同。甲乙争执不下，遂找经理切分。于是，甲乙都想方设法讨好经理，希望经理多切一点儿给自己，同时甲乙都很没有安全感，提防经理，担心经理偏向对方。矛盾焦点遂从甲乙之间转向了甲乙与经理之间。聪明的经理没有马上操起刀来切分苹果，而是出台一个规则：一人操刀切苹果，另一人优先取自己要的一份。这样一来，操刀者掌握切分的主动权，心里踏实，他只要做到切分公平，就能确保自己不吃亏；而不操刀者也很有安全感，对方切成啥样，我的利益都有保障。甲乙之间、甲乙与经理之间，所有矛盾就此化解。从此，切分苹果，按规则行事，同事之间没有了纠葛，经理也没有了协调的任务。

在实践当中，很多经理人会说我也把很多精力放在理人和修路上，为何我的管理不奏效呢？要清楚地认识到，理人就是把合适的人放到合适的岗位上去，同时激发他的动力，发挥出他的最高水平。

再看一下国内著名的管理学教授、企业家陈春花老师是怎么认为的。她曾经在《管理的常识》这本书中这样说：管人理事是大部分人对于管理的理解。正因为我们如此看管理，所以中国的管理一直处于“人治”的状态，不管如何学习管理理论与方法，管理行为是依据对人的判断来进行的，而根本上的事实是——管理是“管事和理人”。

管理就是要懂人心和人性

作为管理者要想做好管理，必须洞悉人心，洞察人性。

得人心者得天下。蜀主刘备就是因为懂人心而成就一方霸业。徐庶被刘备封为军师后，几次打败曹兵。曹操依程昱计，把徐庶母亲接到许昌，再仿她的字体写信让徐庶来。徐庶接信向刘备辞行，刘备哭送徐庶数里地，感动得徐庶行数里又拍马返回，向刘备保荐诸葛亮，并承诺不为曹操献一计。刘备被曹操打得大败，在出逃的时候，他不听众将的劝说，冒着被曹操追上的危险，带着全城的百姓出逃，甚至看到百姓落难的痛苦情景时，还惭愧地掉下了眼泪。虽然刘备吃了败仗，但是赢得了民心，这也是他后来与曹操、孙权相抗衡的重要本钱。

管理大师约翰·科特说：“作为一个管理者，很多时候，并不一定需要会写鸿篇大论，领导者只要注意一下感情上的细节，就会产生惊人的效果。”

《孟子·离娄下》：“孟子告齐宣王曰：‘君之视臣如手足，则臣视君如腹心；君之视臣如犬马，则臣视君如国人；君之视臣如土芥，则臣视君如寇仇。”大意是：君主看待臣下如同自己的手足，臣下看待君主就会如同自己的腹心；君主看待臣下如同犬马，臣下看待君主就会如同路人；君主看待臣下如同泥土草芥，臣下看待君主就会如同强盗仇敌。这句话所诠释的道理是：人心换人心，别人怎么对待你，取决于你怎么对待别人。正如美国西点军校 1987 届毕业生戴夫·麦考梅克说：“你是否有能力让人们跟随你冲进枪林弹雨，取决于你是否有能力让他们相信你心中装着他们的利益。”管理的本质就是一切为了“爱”。

顺人性者胜。盗墓贼打洞进墓穴，用绳子吊个人下去取宝，拉绳人往往拿到宝物就走，独吞了，让下墓的人死在墓里。于是合作团队基本散伙，搭不起来，谁都信不过谁。后来出现父子组合，父下去，儿拉绳。也有取物弃父的不肖子。最后行规再调：儿下去，父拉绳。虎毒不食子，父贪不弃儿，妥了。洞察人性的设计，有效！在这方面相当成功的就是海底捞的张勇，将一群来自农村的员工，管成有人性的光辉、有劳动的欢愉的团队。你想这是什么水平？海底捞的成功秘诀就在于对普通人的天良保持着朴素的尊重。

“犯人船理论”是管理人性最好的诠释。公元8世纪末期，英国政府决定把犯了罪的英国人统统发配到澳洲去。运送犯人的工作承包给了一些私人船主，英国政府根据上船的犯人数支付船主费用。当时运送犯人的船只多是由破旧的货船改装的，条件十分恶劣。而船主为了牟取暴利，上船前尽可能多装犯人，一旦按人数拿到了钱，就对这些犯人的死活不管不问。3年间，从英国运到澳洲的犯人在船上的死亡率高达12%，有一艘船上的424个犯人竟然死了158个，死亡率达37%。不仅英国政府遭受了巨大的经济和人力资源损失，英国民众对此也极为不满。于是英国政府开始想办法改善这种状况。最初，他们在每艘船上都配了一名监督官员、一名医生，并对犯人的生活标准做了硬性规定。但死亡率不仅没降下来，而且有的监督官和医生也不明不白地死在船上。原来，一些船主为了贪利而行贿官员，官员如果拒不顺从，就被扔进大海。政府又尝试采取教育官员、严厉惩罚船主等措施，但情况依然没有好转，犯人死亡率依然居高不下。后来，一位英国议员提议政府，以到澳洲上岸的人数为准给船主计算报酬，难题迎刃而解。犯人死亡率一下降到了1%以下，有些船只，经过几个月的航行也是零死亡率。原来制度的缺陷在于政府付给船主的报酬是以上船人数来计算，这就给私人船主为谋取最大利益留下了制度的空子。而新制度看起来只有一个小小的变化，却对船主起到了最大的约束力。这就是好制度和坏制度的区别。这个例证的启示——成功的文化建设、制度建设一定不能与利益脱离开，要基于人性，紧紧捆绑利益。任何时候都不要指望在没有捆绑利益的情况下，依靠个人觉悟、道德说教就能达到预期的结果。什么是人性？中国人民大学的赵履宽教授言简意赅，一言以蔽之——趋利避害。人性就是趋利避害，只不过有些人可以为了长远利益放弃短期利益，为了大利可以舍小利，为了那一处利益可以舍弃这一处利益，但总的来说都是奔着利益而去的。所以说，好的制度一定是建立在对人性的洞察和把握上的。21 世纪，管理再也不是传统的胡萝卜加大棒了，优秀的管理者应该研究人性、探索人性、顺应人性而为。

管理者要学会借力

在企业中一定会存在两类事情：一类是经营，一类是管理。经营的对象是事，管理的对象是人。所谓管理者，我们认为是通过管理来达成经营目标的人。管理一定是为经营服务的。所以管理者也是为了完成企业的经营目标而产生的。但是管理者一定不是通过自己来完成组织的目标，否则的话那就谈不上管理了。管理学大师彼得·德鲁克曾经这样经典地对管理者下了一个定义：管理者是通过协调其他人的活动达到与别人一起或者通过别人实现组织目标的人。所以管理者要成为成功的管理者，必须摒弃亲力亲为、事必躬亲、冲锋陷阵的工作作风，需要进行角色的转换。在现实企业中，管理者分成了三种：三流的管理者是自己干，下属干；二流的管理者是自己带着下属一起干；一流的管理者是自己不干，下属玩命干。在很多企业中，特别是中小企业，我们发现绝大部分管理者只停留在二流，甚至停留在三流上。成功的管理者要学会借力，借助下属、上司和同事的力量，而不是通过自己来完成目标。最糟糕的管理者是一个事必躬亲、亲力亲为、从早忙到晚的管理者，是一个把自己累坏了的管理者。正如韩非子在《韩非子·八经》中所说："下君尽己之能，中君尽人之力，上君尽人之智。"

管理者从业务或技术岗位走上管理岗位后，最大的挑战来自工作理念的转变。具体而言，他们必须学会如何管理而不是仅仅担任这个职务而已。他们必须坚信，把时间用于帮助他人、制订计划、辅导工作，是他们的职责，而且他们必须把通过他人完成任务作为自己取得成功的关键。

我们看一个失败者的案例：

《三国演义》当中的诸葛丞相，可谓独领风骚数十年，蜀国完全成为他个人能力的展现舞台。他的管理风格是事必躬亲、亲力亲为。诸葛亮的早逝与他事必躬亲的做事风格息息相关。《三国志·蜀书·诸葛亮传》中记载："政事无巨细，咸决于亮。"《魏氏春秋》记载："罚二十以上，皆亲揽焉。"蜀国的将军一出征，谁也不用动脑筋，诸葛丞相会给每一个人不止一个锦囊妙计，将军们到第一个地方，仗不会打了，打开第一个锦囊，边看边说"丞相真乃高明"；到了第二个地方，仗不会打了，打开第二个锦囊，边看边说"丞相真乃神算"！久而久之，将军们也就不用思考计策了。诸葛亮的后果是"出师未捷身先死，长使英雄泪满襟"。《三国演义》中有一个篇章：诸葛亮遣使求战，司马懿不谈军事，问使者："诸葛公起居何如，食可几米？"使者说："三四升。"然后对问政事，使者说："二十罚以上皆自省览；还亲自监督发放军粮。"经过一番不经意的询问，司马懿对人说："亮将死矣。"果然，诸葛亮于当月病故于五丈原军中。而蜀国的结果却是"蜀国无大将，廖化为先锋"，蜀国的后期是忠诚的人没有能力，有能力的人却不忠诚，人才梯队建设匮乏，缺乏高能力、高忠诚度的干部队伍。而此时的魏国却是猛将如云，人才济济。

管理者的五项任务

在很多企业的管理者中存在“三重三轻”的现象：重经营轻管理；重事轻人；重结果轻过程。那么作为管理者，管理工作主要有哪些事情呢？管理者绩效的达成有五项基本的作业：管理人员要制定目标；要从事组织工作；要从事激励和沟通工作；建立绩效衡量标准；培养人才。管理大师德鲁克说：“管理者的工作中有五项基本作业，这五项作业综合起来，就实现了资源的整合，使其成为一个活生生的成长中的有机体。”

1. 制定目标

一个管理者首先要制定目标。他要明确目标应该是什么，为了实现这些目标应该做些什么，这些目标在每一领域中的具体目标是什么。他要把这些目标告诉那些实现目标的有关人员，以便目标得以有效地实现。制定目标是进行平衡：在企业成果同一个人信奉的原则之间进行平衡，在企业的当前需要同未来需要之间进行平衡，在所要达到的目标同现有条件之间进行平衡。

2. 从事组织工作

从一定意义上说，管理者所从事的就是组织工作。他分析所需的各项活动、决策和关系，他对工作进行分类，把工作划分成各项可以管理的活动，又进一步把这些活动划分成各项可以管理的作业。他把这些单位和作业组合成为一个组织结构。

3. 从事激励和信息交流工作

人们工作是出于不同的原因，有人为了金钱，有人为了社会地位，有人为了得到别人的欣赏，也有人是为了在工作中获得满足感和自我发展。作为管理者，一定要明晰这些人的需求，确保员工尽可能最有效地工作。简而言之，激励就是鼓舞和指导员工取得好绩效。管理者要培训员工，为他们提供有挑战性和有趣的工作，激励他们在工作中努力上进，使他们变得更加优秀。更为重要的是，身为管理者，一定要相信员工并公平地对待他们。

4. 建立绩效衡量标准

管理者要建立绩效衡量标准，而衡量标准对于整个组织的绩效和个人绩效至关重要。衡量的标准不但要专注于组织的绩效，还要专注于个人的工作并帮助他做好。管理者对成就进行分析、评价和解释，他把这些衡量的意义和结果通报给他的下级、上级和同级。建立绩效衡量标准首要目的是分析能力，同时是用来促使实现自我控制，而不是用作控制他人。

5. 培养他人（包括自己）

管理者最重要的工作就是培养人。这种培养的方向决定着人，作为一种资源，能否变得更富有活力。这一点不仅适用于被管理的人，而且适用于管理者自身。管理者是否按正确的方向来培养其下属，是否帮助他们成长并成为更优秀的人，将直接决定着他本人是否得到发展。

这五项工作应该占到中层管理者每天工作时间的 50%。管理工作与经营工作存在较大不同，我们按照重要性和紧急性把经营和管理工作进行了区分，如图 1-1：

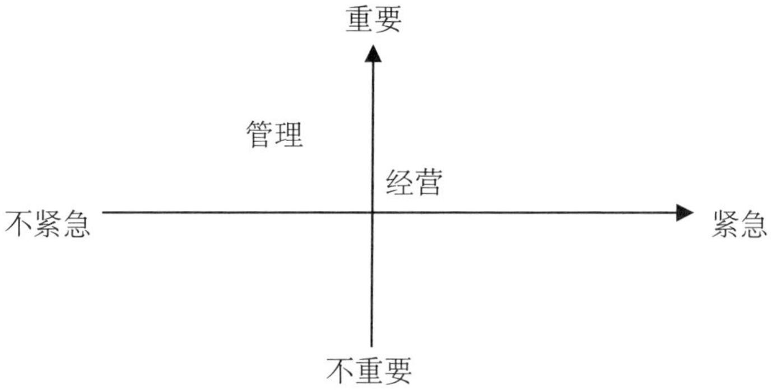

图 1–1　管理者任务四象限

管理者的这五项主要的工作都属于重要但不紧急的事情，经营工作属于重要而紧急的事情。但是高效的管理者却至少把一半的时间放到了管理工作上，而平庸的管理者就像“救火队长”一样每天热衷于业务。华为的老板任正非曾经形象地说过：“企业不要救了今天的火，埋下明天的雷。”同样的道理，管理者如果在管理上“欠账太多”的话，会通过大量的经营损失进行弥补。所以高效的管理者会把时间管理放到第二象限。

我们看一个案例：

小张是一家公司的业务骨干，在公司一直干得很不错，几天前，他突然将一封辞职信放到了部门经理黄经理的桌子上，信中内容如下：

黄经理：

您好！

我不得不非常遗憾地对您说，我要走了。您知道，去年一年公司发展速度实在太快了，这也是同行业中公认的速度。但您是否知道，为了能完成公司的任务，我们有多少个周末没有休息，多少个晚上没有睡觉？

虽然您交给我的任务我并不总是能完成得那么完美，但您有没有问过我有什么困难啊！事实上，困难我可以自己来克服，但是很多事情我是多么希望早一点儿知道解决的办法，而不是到最后才知道。说老实话，我很怀念自己在原来公司的日子，那时虽然挣的工资没有现在多，但部门老大总是不时地走到我们的座位旁与我们聊天，出差在外或是在忙的时候他也经常打电话给我们，问寒问暖，那种感觉特好。而如今，您除了坐在自己办公室忙着公务就是与客户进行谈判，总共跟我们讲过几句话我现在都还记得。

我真的很盼望能多与您沟通，那天我发了一封电子邮件给您，向您讲了一些工作上的事情，可是很长时间都没有得到您的答复。因此，我决定不再等下去了。

很抱歉在公司这么忙的时候离开。

此致

敬礼

张某某

2011年某月某日

通过这个案例，我们发现，很多员工离职都是管理者在管理上投入的精力过少造成的，这在一定程度上会制约业务的增长，甚至会带来一定的业务损失。

管理者的360°管理

通常我们认为，中层管理者处于一个中流砥柱的位置，也起到了一个承上启下的作用，但也是一个比较“尴尬”的位置。如果做好了，会游刃有余，得到上下各方的认可；如果做不好，则像“风箱里的老鼠”，会两头受气。这就要求管理者在不同的对象面前调整自己的角色，满足对方的需求，从而树立良好的形象和口碑。

1. 如何做好一个下属

首先我们要了解作为下属的管理者应该遵循哪些职业准则：

准则一：你的职权基础是来自上司的委托或任命

要清楚地认识到，管理者是作为上级的代理人在行使权力，是通过公司的任命而获得现在的职位；没有哪一个管理者是通过员工“推选”出来的。所以，这就要求管理者始终站在公司或上级的立场来考虑问题。在这里有一个问题需要大家思考：当公司的利益和员工的利益之间发生矛盾了，作为管理者要维护谁的利益呢？在课程现场，有很多学员会说要维护员工的利益，理由也很充分：我们的很多工作是要靠员工完成的，如果员工的心受伤了，那谁来干活呢？也有些学员会说，谁对我就站在谁的立场。这两种观点都是不正确的。第一种观点是把自己当成了员工的代言人或民意代表；第二种观点是把自己当成了“裁判”或“仲裁员”，评判也是根据自己的观点来进行评判。作为管理者，既然是上司委托或任命的，我们就要始终站在公司的立场考虑问题。那么，员工的利益到底维护不维护呢？

答案是肯定的。管理者始终要谨记：要站在公司的立场上维护员工的利益，而不是站在员工的立场上维护员工的利益，否则自己就沦为了民意代表或者群众领袖。

准则二：你是上司的代表，你的言行是一种职务行为

俗话说“屁股决定脑袋”。在什么样的位置上就应该具有什么样的思维模式。当自己是名普通员工的时候，发发牢骚、抱怨一下可以理解。但是，如果自己成了管理者，绝对不能发牢骚或者抱怨，因为这是角色决定的，所以管理者要做到“谨言慎行”。因为角色不同，所以管理者这个角色决定了在组织内部不能传播“负能量”。

准则三：服从并坚决地执行上司的决定（不论对与错）

作为管理者同时又是组织的执行者，不折不扣地执行上级的指令是管理者的职责。但是在实际中，很多管理者在执行上级指令的时候总是出现打折和变形的现象。其中一个重要的原因是，在管理者接受上级指令的时候，不是坚决执行，而是怀疑或论证。而管理者所论证的对与错又不是站在领导的高度，而是站在自己的角度。只有执行了，才能知道对与错；只有执行了，才能知道有没有必要。我们试想一下，当中层管理者接受上级指令的时候，对上级指令进行论证，中层管理者再把这个指令传达给下级的时候，下级会怎么做呢？下级一样会进行论证。为什么呢？这是组织的文化。什么叫文化？一级带着一级干、一级做给一级看就是文化。当中层管理者对上级指令不进行怀疑和论证，坚决执行的时候，中层管理者的下级也会进行效仿，不论证、不怀疑，坚决去执行。谈到执行，我们要举两个例子。

第一个是京东的例子：

刘强东在京东战略会上宣布要投入巨资建设物流派送体系后，立即遭到一名高管激烈反对，他振振有词，参会的不少人也应合。因为物流是重

资产运营，意味着很长一段时间需要负债前行，何时盈利遥不可期。面对这种情景，刘强东平静地说：“京东自建物流配送体系这是我的决定，我今天不是和大家商量，是通知大家，请大家依照执行。”随后，他看着那名高管说：“这位先生，我请你来不是证明我的决策是错误的，我请你来是把我的决策落实到位、执行到位！如果有困难，你要想办法如何完成。”一周后，这名高管的职位易人。

第二个例子发生在阿里：

马云“爱吹牛”大家都知道，但他不少吹过的牛皮最后都成真了，其中少不了彭蕾的功劳。彭蕾曾说：“无论马云的决定是什么，我的任务都只有一个——帮助这个决定成为最正确的决定。”阿里创业之初，彭蕾担任阿里的HR，管钱、管人、管市场，马云有点儿什么想法，她就得想方设法实现。譬如，当时马云价值观爆棚，“独孤九剑”“六脉神剑”这样的传奇，听起来头头是道，做起来谁也不知道什么鬼。没办法，彭蕾只能一条条琢磨着变具体、落地实现。无论马云再怎么异想天开，说了什么再离谱的话，彭蕾的任务只有一个——把他的话变成现实。

这样的员工，才是老板喜欢、信任的，老板需要的是能够把自己的意愿落地成现实的人，而不是处处和自己唱反调、出工不出力的人。然而，有多少人能像彭蕾这样“听话”？作为下属，你就要有铁一般的执行力，一旦上级发出命令，想得通要执行，想不通更要执行。拉卡拉集团董事长兼总裁孙陶然曾经对他的中层干部说过这样的话：“上级的指示，理解的要执行，不理解的更要执行，在执行中加深理解。很多习惯找借口的人会用执行上的困难去质疑战略上的决策，这更是我们必须避免的。”

准则四：在职权范围内做事（不要错位）

作为中层管理者要做到“守土有责”，要把自己分管的部门或者负责领域，作为自己的“责任田、实验田和样板田”，把自己“地里的庄稼”种好。

但是，很多管理者不但自己家“地里的庄稼”没有种好，反而对“别家地里的庄稼”评头论足，这样的人是没有任何价值的，管理者要力争做到“常思己过，莫论人非”。

作为下级的管理者要完成四项任务：

（1）执行命令

管理者执行上级指令的时候要做到“事前：决心第一，论证第二；事中：速度第一，完美第二；事后：结果第一，理由第二”。管理者在执行上级指令的时候要敢于做“坏人”，敢于坚持原则，敢于“得罪人”。台塑集团创办人王永庆曾经说：“在中国企业缺乏执行力的一个关键就是中层没有勇气做坏人！”

（2）反馈信息

很多管理者在执行上级指令的时候，不能做到回报和汇报。什么叫回报？就是事情结束后回复报告。很多管理者接受了上级指令后，即使事情做完，也不主动地把事情的结果回复报告一下，而是等待上级过问。事毕回复，说来简单，做好不易。汇报就是在事情进行过程中阶段性地报告一下，也就是把过程向上级进行报告。很多管理者没有养成随时主动汇报工作的习惯。管理者往往在以下两种情况下才主动汇报：一是在过程中遇到困难了，需要上级进行资源支持；二是出问题了，自己搞不定了。第一种情况，由于管理者突发需求支持，可能上级也没有准备好，不能及时提供资源支持。第二种情况，如果领导也搞不定时，责任只能是管理者自己承担。随时汇报工作的好处，是让事情的发展永远控制在领导的可控范围之内，如果领导都不可控了，“板子”只能打在管理者自己身上。所以，管理者沟通汇（回）报的技能不亚于专业技能。管理者的工作一方面是干出来的，另一方面是沟通汇报出来的。会干不会说是“傻把式”，会说不会干是“假把式”，会说又会干才是“真把式”。工作一方面是干出来的，同时也是汇报出来的。正如《荀子·大略》这样说："口能言之，身能行之，国宝也。口不能言，身能行之，国之器也。口能言之，身不能行，国用也。口言善，身行恶，国妖也。治国者敬其宝，爱其器，任其用，除其妖。"纵观企业的中层管理者，绝大多数属于"国器"。

（3）完成业绩

管理者的工作就是以绩效为导向。衡量一个管理者是否称职或优秀的标准是业绩，而不是其他。有人说过这样的话：凡是不以结婚为目的的谈恋爱都是耍流氓，凡是不以绩效为导向的管理都是假积极。世界著名跨国公司——国际电话电报公司缔造者、前首席执行官、总裁哈罗德·杰宁对管理者说过这样的话："我相信商业世界中有一条亘古不变的真理，文字只是文字，解释只是解释，承诺只是承诺，唯有绩效，才是现实……只有绩效才能让你自由发展。"华为的老板任正非先生也在华为内部对管理者说过这样的话："上甘岭上出干部。不打粮食的兄弟不是好兄弟。谁最有业绩，谁最有资源分配权、发言权。"

（4）"拾遗补缺"

作为管理者的上级，我们谁也不是完人，不可避免地会出现工作上的失误，也不可避免地会有这样或那样的缺点。面对上级的缺点和不足，管理者绝不能"看笑话"，更不能"喝倒彩、拉倒车"，而要进行"补位"，做到"拾遗补缺"。如果上级看不到，下级也看不到；上级想不到，下级也想不到；上级做不到，下级也做不到的话，上级就会想：我要你这个下级有什么用。下级对上级的"拾遗补缺"不是下级愿不愿意的问题，也不是想不想的问题，而是必须要这么做。

2. 如何做好一个同事

在企业内部，中层管理者很多工作的完成离不开其他部门管理者的协助。所以，如何完成跨部门的沟通与协作成为中层管理者另外一项工作任务。在很多企业，部门内部的沟通与协作还算比较顺畅，一旦进行跨部门沟通与协作却出现种种问题。究其原因，在于部门与部门之间有一个无形的“部门墙”，阻碍了部门之间的合作。作为中层管理者，如何做好一个合格的同事呢？需要完成以下两项任务：

（1）通过沟通、协调、合作，完成跨部门目标

很多部门经理之所以在跨部门合作中存在诸多困难，是因为部门经理缺乏换位思考的意识。很多部门经理仅仅站在自己部门的立场考虑问题，很少站在对方部门和公司大局的立场考虑问题。很多人，从小到大所接受的教育就是“我的教育”，我的玩具、我的食物、我的衣服……

举个例子：

假如我们和别人一起合影，试想一下当拿到照片的第一眼，我们首先找的人会是谁？一定是自己；再比如我们刚刚买了一支钢笔，想试一下钢笔是否流畅，给你一张纸，我们绝大部分人写的字一定是自己的名字。这说明，很多人对“我”实在是太熟悉了，一直生活在“我”的世界中。但是一个以“我”为思考出发点的管理者在跨部门合作中能否与别人合作到一块儿呢？答案是否定的。正如IBM前总裁说过这样一句话：“只有把‘我’变成‘我们’的时候，合作才更加顺畅。”所以，在企业内部没有“你、我、他”，只有“我们”。

（2）学会感恩——很多人对别人的付出熟视无睹

当其他部门对本部门提供了力所能及的帮助的时候，作为中层管理者要感恩别人的付出。我们都知道每个部门有各自的职责、各自的任务，其他部门在百忙中对自己的部门进行了帮助，我们最起码应该表示一下感谢。但是很多部门经理缺乏感恩意识，认为这是理所当然。如果部门经理对其他部门的帮助认为是理所当然的话，一定不利于部门之间再次的合作。

3. 如何做好一个上司

在企业内部，中层管理者还扮演着另一个重要角色，就是员工的上司。能否扮演好这个角色，很大程度上决定了员工的绩效，也决定了员工的稳定性。在职场中曾经流传着这样一句话：员工都是因公司而加入，因上司而离职。虽然这句话不一定百分百正确，但一定程度上说明了上司的重要性。那么作为上司的管理者，有哪些具体任务呢？

（1）为员工营造好的工作氛围

任何人都喜欢在轻松、愉快的环境中工作，这样的工作环境会使他们更愿意工作下去。所谓“快乐工作”是一种心理状态，首先是让员工在你这个部门工作有一种自豪感，把工作看成荣耀，员工就不会轻视自己的工作，他会把工作当作是人生的一部分。这样不管做任何工作，员工都会尽心尽力，努力去做好的。把工作当成荣耀，员工就有了工作的动力，即“精神向心力”。营造团队氛围的核心原理在于调动员工的工作意愿，激发他们的工作热情。只有这样，才能为企业留住人才、吸引人才，使企业获得持续健康的发展。在中国企业中，“海底捞”是一个响当当的名字。它的案例被人们反复研究学习，人们都在关注它是如何挣钱的，即所谓经营秘诀。但是我最感兴趣的是它团队管理的部分。海底捞营造团队氛围的手段堪称史无前例。一个最明显的感觉就是海底捞的员工服务顾客的时候很积极、很阳光，完全不同于很多普通餐馆服务员常见的那种爱搭不理的状态。虽然工资相差不多，但海底捞员工的离职率仅为10%左右，远低于餐饮行业36%的平均水平，这也是团队管理工作业绩突出的一个重要体现。

（2）帮助员工提高工作技能

管理不但是做事的艺术，更是让别人做事的艺术。管理者必须由自己干变成通过别人去干。在现实工作中，很多管理者都懂得这个道理。但是尽管懂的道理很多，可是仍干不好管理。其中一个很重要的原因是“道理懂了，但能力还很欠缺”，也就是不会去培养员工的工作能力。如果员工的能力提升不上来，那么管理者永远是靠自己去干。所以，管理者要想摆脱“忙、茫、盲”的混沌状态，就要想方设法把员工的工作技能提升上来。

（3）多开导员工

管理者除了做好日常经营工作之外，还要每天拿出时间去做员工的思想工作。管理者既要做好“团长”，又要做好“政委”。提到“政委”，不得不提阿里巴巴的“政委体系”。阿里巴巴贯彻公司的核心价值观，靠的就是“政委”。“政委”的由来与两部电视剧直接相关。这两部剧的编导和演员也绝不会料到，他们的这两部戏，会对中国最大的互联网企业产生如此巨大的影响，这两部电视剧就是《历史的天空》和《亮剑》。在这两部电视剧中都有一个厉害的政委。《历史的天空》中有个张普景，《亮剑》中有个赵刚。正是这两个成功的角色，才促使马云下决心建立阿里巴巴的“政委”。“政委”的一个重要的任务就是抓“思想建设”，就是要不断地找员工进行谈心，不断地关心员工的生活。我们知道，在企业的发展历程中，不可避免地会存在这样或那样的问题。这些问题必然也会被员工看到。当员工看到企业的问题的时候，很多人会出现疑惑、顾虑，甚至会动摇。这时候，管理者要学会去开导员工，让员工认识到任何企业都有问题，任何人都会有问题，在这个世界上没有完美的企业，也没有完美的人；让员工认识到，企业正因为有问题，员工才有价值；企业正因为有问题，员工才有机会。这样，员工就会释怀，员工就会在问题中看到机会。

（4）帮助员工进行成长

员工来公司工作，无非为了两样东西：一是钱，二就是发展。如果两样都不给员工的话，员工就没有留在企业的必要了。所以，每个员工都有发展的愿望，都有晋升的动机。作为管理者，就是要不断地帮助员工实现职业的发展。

第二项修炼　做值得追随的领导者——内外兼修，塑造魅力

在我看来，要成为好的管理者，首要任务是自我管理，在变化万千的世界中，发现自己是谁，了解自己要成为什么模样，建立个人尊严。优秀的管理者是领导众人，让别人甘心卖力；糟糕的管理者只懂支配众人，让别人感到渺小。

——李嘉诚

THE SECOND PRACTICE

管理者首先要学会自我管理

欲戴皇冠，必承其重。作为管理者，首先要管理好自己，自己做好了，才可能影响到别人，成为一位受人尊重的管理者。《大学》里面也说过，修身齐家方能治国平天下。可见，“修身”是“立业”的前提和基础。当你成了管理者，也许第一天你还在升迁的欣喜之中，但第二天你就要进入这个充满挑战的职位。这并不只是一次职位的升迁，更是对你能力的检验。

那么，管理者要管理好自己哪些方面？

1. 管好自己的时间

管理大师彼得·德鲁克说过：“时间是最为宝贵的资源，如果我们不能管理时间，便什么都不能管理。”时间管理的对象不是“时间”，它是指面对时间而进行的“管理者的自我管理”。时间对于每个人来说都是公平的，每个人一年的时间都是 365 天，一天都是 24 小时。但是，为什么有的人能在公平的时间里做出别人做不到的事情？理由只有一个，他们善于管理时间。有人会问，时间需要管理吗？当然需要，而且是非常必要！比如说，我们每天到底先处理哪件事，后处理哪件事？因为事情有轻重缓急之分。我们分析一下，我们是否按照事情的轻重缓急来分配时间都用在哪儿？在时间碎片化的年代，相信很多人每天都把时间用在刷朋友圈、网购、看肥皂剧、玩游戏斗地主上，事实上这些事情并不重要，也不紧急。还有，一个不会管理时间的人，永远都是“好好先生”，不会对别人的请求说声“不”！哪里热闹去哪里。相反，会管理时间的人一般都有以下特点：

第一，永远把时间用在重要的事情和重要的人身上。

第二，做人做事不会“脚踏两只船”。

第三，现在就做，说做就做。现在是最好的时间，不要等待明天。

第四，善用碎片时间。

第五，成本观念，时间就是金钱。算好你的一分钟大概值多少钱，然后你就知道你的时间到底该放在什么上面了。

2. 管好自己的爱好

任何人都有自己的爱好，比如有人喜欢打球，有人喜欢跑步，有人喜欢画画，有人喜欢书法，有人喜欢跳舞，有人喜欢唱歌；但也有人喜欢吸烟，喜欢喝酒，喜欢唱歌，总之，每个人都有自己的爱好。而爱好有良好和不良好之分，良好的爱好能让人身心健康，有益于事业和家庭，不良好的爱好就会浪费时间，甚至有损人生。比如，很多年轻人每天趴在麻将桌上打麻将，而第二天却无心工作，打麻将对这些年轻人的生活和工作并没有多大的帮助；有人喜欢吸烟，我们明明知道吸烟有害健康还浪费钱；有人喜欢玩游戏，上网看电影，夜以继日地摧残自己的身体。管好爱好的目的不在于其他，而在于爱好对人生是否有正能量作用，对家庭、事业、人生是否有帮助。如何管好爱好？管好爱好主要还是靠自己的事业心、责任心和毅力，外界的环境当然也是一个方面。一个有使命感、责任心的人通常都会注重事业而放弃很多没有必要的爱好。

3. 管好自己的身体

身体是工作的本钱，没有好的身体就不可能有好的斗志，身体与其说是所有事业的前提，不如说是管理者最重要的管理要素。我们都说身体不但是自己的，也是家庭的，还是企业的。我们都知道，企业把一个初出茅庐的大学生培养为一个合格的管理者没有 5 ~ 8 年是很难培养起来的，在这 5 ~ 8 年的时间内，企业要投入大量的资源。可当有朝一日培养成功了，到管理者为企业做出贡献的时候，发现身体却不行了，那么受损失的不但是管理者本人和家庭，还有企业。所以，很多企业把管理者的身体状况、体重状况都纳入企业的日常管理范围，目的就是为企业创造可以持续发展的“财富”。

作为管理者，你如果连自己的这几个方面都不能管理好，那你休想管理好别人。管理好自己是最难的，正如有人问诗人泰戈尔那样：“世界上什么最容易，什么最难，什么最伟大？”泰戈尔回答：“世界上责备别人最容易，认识自己最难，爱最伟大！”认识自己难，管理自己更难，正因为管理自己很难，所以世界上真正优秀的管理者才会那么少。

领导力不等于权力

自我管理到位的管理者，无形之中散发着一种个性的感召力。所以，管理者的自我管理等同于管理者领导力的修炼。

什么是领导力？领导力是不是仅仅属于领导者，不是领导者就没有领导力？领导力是否等同于权力？没有权力就没有领导力？

所谓的领导力是一种不依靠权力，完全凭借个人素质和个人魅力对被领导者所产生的自觉自愿追随的能力。因此，领导力又叫影响力。

领导力是一种个性的感召力，不仅仅属于领导者，领导力与领导的位置没有必然的联系。有的人虽然不在领导位置上，但却有领导力。比如在团队内部，有的员工虽然不是团队的领导，但是有时候说话比领导都管用。再比如，孩子比较小的时候，在一块儿玩耍的“孩子王”也不是单位的领导，但是却有领导力。同样，有的管理者虽然在领导的位置上，却没有领导力。有人不理解，为什么我没有领导力，员工却服从我的领导呢？员工服从你并非因为你的领导力，而是因为你手中的权力，员工迫于你的“淫威”。所以，公司只能给你领导的位置，却给不了你领导力。

领导力也不等同于权力。领导力与个人的素质和人格魅力有关系，跟权力没有任何的关系。您的领导只能给你“权”，但给不了“威”。权力是组织赋予的，而领导力是个人赋予的。

那么，为什么管理者必须具备领导力呢？通用电气公司总裁杰克·韦尔奇曾经这样说：“停止管理，学会领导。没有人愿意被人管，更没有人愿意接受权威主义，人们更乐意相信与追随自己崇拜的对象，先有威后有权，不是先有权后有威。”国际管理咨询大师拉姆·查兰说：“在这个多变的全球化时代，管理者不具备领导力是不合格的。”要知道，我们很多管理者面对的员工绝大多数是85后和90后，面对这些不同于70后、80后的群体，我们绝不可以用权力去领导他们。因为这群年轻人的特征就是“挑战权威”，他们绝不会服从权力，在他们的眼中“领导都是神马，神马都是浮云”，他们才不会把领导放到眼里。在他们的心中，领导者的形象绝不是“高高在上的家长”，而是一个“老大哥、老大姐”，工作中与他们同甘苦、共患难，一起把工作做完，然后一起到饭馆里庆祝高兴一下。他们更愿意跟随自己所崇拜的对象工作，哪怕工资少点儿都乐意。在90后的眼中，领导者不能扮演“国王”，不能扮演“绵羊”，也不能扮演“蜜蜂”，而是“海豚”。他们认为“国王型”领导容易发号施令，“绵羊型”领导没有个性，“蜜蜂型”领导事必躬亲，只有“海豚型”领导才有个性的感召力，但是事实上“海豚型”的领导者在企业中为数不多。

按照美国社会心理学家约翰·弗伦奇的“权力五大基础”可知，一个管理者的权力有五大来源，如图2-1：

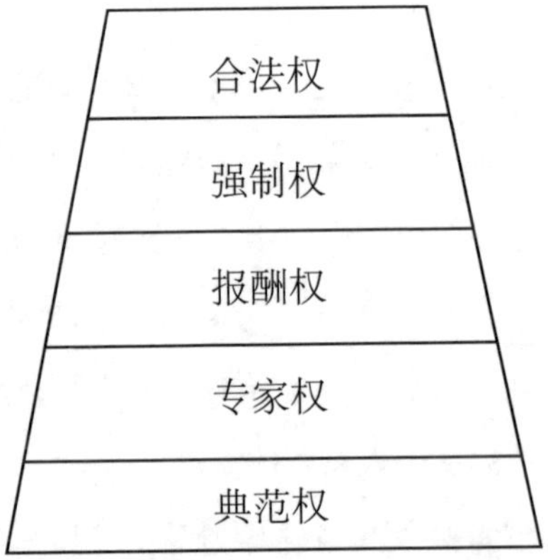

图2-1 管理者的权力五大组成

管理者的权力五大组成部分：

1. 合法权

合法权指的是组织通过合法任命管理者担任某一职务，按照组织要求赋予的职位的权力。比如，在很多企业都有《岗位说明书》，《岗位说明书》其中有一栏就是“权力”，这就是“合法权”。常见的合法权有员工工作调配权、规章制度制定权、员工工作监督权等。

2. 强制权

强制权指的是管理者强迫员工遵从指令的权力。比如，员工不服从管理者的安排，管理者可以通过考核、奖惩、处分等方式强迫员工遵从指令。常见的强制权有考核权、处罚权、惩戒权等。

3. 报酬权

报酬权指的是管理者有权决定员工的收入高低或者薪酬调整等权力。常见报酬权有员工薪酬考核权、薪酬调整建议权、奖金分配权等。

4. 专家权

专家权指的是管理者以自己的专业知识或技能对员工产生的影响力。比如，员工解决了3天的技术难题没有解决掉，管理者用1小时就解决好了，员工在心里面对管理者非常敬佩。再比如，员工拜访了3个月的客户没有搞定，管理者用一上午时间就签单了，员工心想跟这样的领导干能学东西。

5. 典范权

典范权指的靠高尚的人格、厚重的品德对员工产生的影响力。比如，当有好处的时候，心里面首先想到的不是管理者自己，而是员工；当需要承担责任的时候，管理者自己把责任承担起来。美国西点军校 1987 届毕业生、Free Markets 公司资深副总裁戴夫·麦考梅克曾经说过这样的话：“你是否有能力让人们跟随你冲进枪林弹雨，取决于你是否有能力让他们相信你心中装着他们的利益。”

管理者权力的这五个组成部分中，合法权、强制权和报酬权这三项权力与职位是有关系的，与人没有关系，无论是谁做领导，都会拥有这三项权力；而专家权与典范权却与人有关系，与职位没有任何关系。真正的领导力不是依赖上面三项权力，而是下面两项权力。

在组织中，领导力的外在表现是让员工自觉自愿地追随。追随的前提就是获得员工的信任和遵从。在组织内部让员工遵从的方法无非就是“力服、才服和德服”。靠合法权、强制权和报酬权让员工服从其实就是“力服”；靠专家权让员工服从其实就是“才服”；靠典范权让员工服从其实就是“德服”。诸葛亮是靠“才”让张飞、关羽服从的；刘备是靠“德”让下属服从的，张飞是靠“力”让下属服从的，最后你会发现靠“力服”最终都会“败走麦城”。靠“力服”不长久，靠“才服”不稳定，只有靠“德服”既长久又稳定。一等领导靠“德服”，二等领导靠“才服”，三等领导靠“力服”。我们可以扪心自问一下，我们是靠什么让员工服从的？

管理者要德才兼备

管理者要做到“德才兼备，先德后才，以德为重”。那么，为什么要把“德”放到首位呢？我们可以按照德和才两个维度把管理者分成四种类型（见图 2-2）：

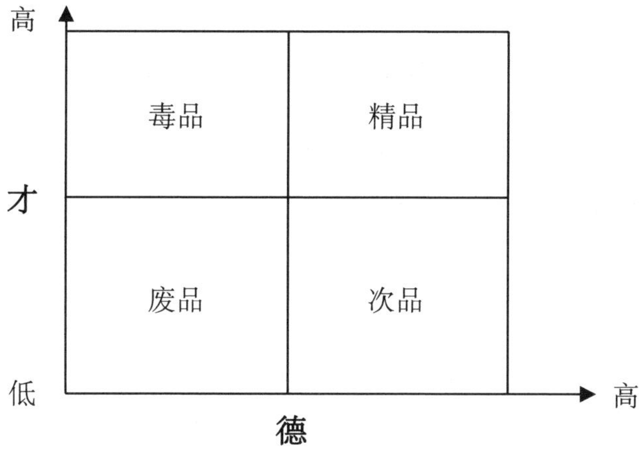

图 2-2 管理者的四种类型（按德、才维度划分）

1. 精品型管理者：德高才高

这种类型的管理者是公司的核心人才，与公司的价值观高度吻合，品德高尚，而且具有高超的岗位胜任能力。这种管理者往往也会凭着自己的德才走向公司的高层管理岗位。不过，这种管理者人数比较少，仅仅占公司管理人员总数中的 15% ~ 20%。对这类管理人员，企业的做法是充分授权并提高其薪资待遇。

2. 次品型管理者：德高才低

这种类型的管理者是公司的骨干人员。这类管理者价值观与公司高度吻合，品德高尚，但是能力存在一定的欠缺。对这种管理者，企业应进行培养。

3. 毒品型管理者：才高德低

这种类型的管理者往往是公司领导永远的痛。这类管理者价值观与公司不吻合，但是有工作能力，能为公司创造一定的价值。这种类型的管理者是公司的“定时炸弹”，一旦心思不正，会给公司带来致命的损伤。所以这类管理人员被马云称为“野狗式”的管理者，杰克·韦尔奇把这种人划归为通用电气公司坚决剔除的一类人。

4. 废品型管理者：德低才低

这种类型的管理者被称为“枯竭型”管理者。这种管理者往往凭借某种特殊的关系走上今天的领导岗位。这种类型的管理者价值观与公司不统一，不具备能力。企业对这种管理者的处理方法就是要淘汰。

关于对以上四种管理者的使用，奥康公司有一个精辟的论断：“有德有才，破格使用；有德无才，培养使用；有才无德，限制使用；无才无德，坚决不用。”

管理者内修四项特质

管理者的德体现在内修四项特质上，这四项特质分别是：

诚信：管理者立身之本。

成熟：管理者情商修炼。

胸怀：管理者感召能力。

责任：管理者成功基础。

1. 诚信：管理者立身之本

《孙子兵法》曰：“将者，智、信、仁、勇、严也。”作为管理者，具备“诚信”的品德是统帅“三军”的前提；《论语》曰：“人而无信，不知其可也。大车无輗，小车无軏，其何以行之哉？”管理者缺乏诚信的品德，无法让员工信服，也不会获得员工的拥戴，所以管理者要做到：言必信，行必果。说到一定要做到，做不到就不要说。《道德经》上说：“轻诺者必寡信。”管理者要谨言慎行，不能随意地给员工承诺，可以采用“保守的承诺，超值的兑现”的方法来恪守自己的诚信。

曾国藩可以说是一个信守承诺的人，他很看重诚信。他觉得诚实是一个人应具备的最基本的品格。所谓诚信就是不欺骗，心中无私，就是信守诺言，说到做到。曾国藩觉得，一个人如果希望得到别人的承认，就一定要以诚待人。只有真诚、心胸坦荡的人，才能够获得人心，才能够成就大事。

千金难换一颗诚心。无论是在日常生活中，还是在职场、商场，有诚有义者必有所获。

北宋时期我国著名的文学家和政治家晏殊，就是因为他的诚信，才赢得了皇帝的赏识，最后成为宰相的。14 岁时作为“神童”的他，被地方官推荐给朝廷。他本来可以不参加科举考试便能得到官职，但他没有这样做，而是毅然参加了考试。当考题发下后，他发现自己之前已经做过了，便向考官说明，并要求换一道题，皇帝知道后对他的诚实赞不绝口。

晏殊当官后，每日办完公事，总是回到家里闭门读书。后来皇帝了解到这个情况后，十分高兴，就点名让他做了太子手下的官员。当晏殊去向皇帝谢恩时，皇帝又称赞他能够闭门苦读。晏殊却说：“我不是不想去宴饮游乐，只是因为家贫无钱才不去参加。我是有愧于皇上的夸奖的。”皇帝又称赞他既有真实才学又质朴诚实，是个难得的人才，过了几年便将他提拔上来，让他当了宰相。或许有些人觉得晏殊这个人的所作所为非常可笑，但是却正是他的诚信使得他得到了皇帝的信任。

我们再看一个二战时期的例子：一个士兵，非常不善于长跑，所以在一次部队的越野赛中很快就远落人后，一个人孤零零地跑着。转过了几道弯，遇到了一个岔路口，一条路，标明是军官跑的；另一条路，标明是士兵跑的小径。他停顿了一下，虽然对做军官连越野赛都有便宜可沾感到不满，但是他仍然朝着士兵的小径跑去。没想到过了半个小时后到达了终点，却名列第一。他感到不可思议，自己从来没有取得过名次不说，连前 50 名也没有跑过。但是，主持赛跑的军官笑着恭喜他取得了比赛的胜利。大家可以猜一下，这个士兵是谁？他是二战德国陆军元帅：弗里茨·埃里希·冯·曼施泰因。在这次越野赛中，曼施泰因诚信的品德获得了军官的赏识，曼施泰因也因此得到提拔，最终成为德军的名将。

2. 成熟：管理者情商修炼

在职场中，我们常听到加强三商的修炼。三商指的是哪三商呢？分别是智商（IQ）、情商（EQ）和 AQ(逆商)。

智商（IQ）就是智力商数，智力通常叫智慧，也叫智能。它是人们认识客观事物并运用知识解决实际问题的能力。智力包括多个方面，如观察力、记忆力、想象力、分析判断能力、思维能力、应变能力等。智力的高低通常用智力商数来表示，是用以标示智力发展水平的方法。

一般意义上，人们往往将智商与其接受教育程度和职业技能水平相联系，如文凭、职业资格证书等。智商高的人一般是业务过硬、能力强、本事大的人。

情商（EQ）又称情绪智力，是近年来心理学家们提出的与智力和智商相对应的概念。它主要是指人在情绪、情感、意志、耐受挫折等方面的品质。

美国心理学家认为，情商包括以下几个方面的内容：

一是认识自身的情绪。因为只有认识自己，才能成为自己生活的主宰。世界上最不了解你的人是你自己。

二是能妥善管理自己的情绪，即能调控自己。

三是自我激励，它能够使人走出生命中的低谷，重新出发。

四是认知他人的情绪。这是与他人正常交往，实现顺利沟通的基础。

五是人际关系的管理，即领导和管理能力。

情商的水平不像智力水平那样可以用测验分数较准确地表示出来，它只能根据个人的综合表现进行判断。心理学家们还认为，情商水平高的人具有如下特点：

一是社交能力强，外向而愉快。

二是不易陷入恐惧或伤感，对事业较投入。

三是为人正直，富有同情心，情感生活较丰富但不逾矩，无论是独处还是与许多人在一起时都能怡然自得。

逆商（AQ）即逆境智商，衡量的就是一个人应对挫折、逆境的能力，AQ 较低的人遇事容易方寸大乱、止步不前；而 AQ 较高的人则会成为或正在成为人群中的领袖。

我们通常认为，一个创业者或者企业领袖其“逆商”（AQ）一定要高。为什么呢？因为创业的历程是十分艰难的，可谓九死一生，只有百折不挠的人才会获得成功。为什么在创业中成功的只有 10%？因为 90% 的人都坚持不下来。正如马云所说：“今天很残酷，明天更残酷，但是后天很美好，但是大多数人死在了明天的晚上。”

作为企业中层管理者，在三个商中最应该高的就是“情商”（EQ）。在职场中，按照智商和情商来划分，我们可以把职场人士分成四种人：

第一种人：智商高，情商高。这种人就是我们通常所说的“精英”，这种人的人生会春风得意，一马平川。不过，这种人在职场中数量很少，十个人当中顶多就一个。

第二种人：智商高，情商低。这种人往往看上去很聪明，别人 3 天学会的东西，他可能 1 天就学会，反应能力和理解能力超人一等。不过这种人不能控制自己的情绪，说话容易让别人感到不舒服，只想自己先吐为快，不考虑别人的感受。这种人往往是怀才不遇，愤世嫉俗。

第三种人：情商高，智商低。这种智商低，并不是指智力有问题，而是看上去有点“傻”，别人不愿意干的事情，他会去干；这种人往往总是为别人着想，为别人付出。这种人一般会有贵人相助。我们都看过金庸先生的武侠剧《射雕英雄传》，里面有一个“情商高、智商低”的代表人物就是“笨郭靖”。江南七怪教授郭靖 10 年武功，但是由于郭靖“智商太差”，没有学成什么，江南七怪最后差不多都放弃了。但是，郭靖最后却成为大侠，为什么呢？因为有好多贵人相助。比如黄蓉、黄药师、周伯通、洪七公、全真七子等。一个人要想在职场中获得成功，离不开四样东西，分别是高人指点、贵人相助、自我奋斗、有人折腾。

第四种人：智商低、情商低。就是我们通常所说的“干啥啥不行，吃啥啥香”的一种人。这种人的结果就是一事无成。

通过以上分析可以得知，决定管理者能否成功的是情商，而非智商。美国科学家通过对近千名成功人士研究调查，得出了一个结论：成功的人，80％靠EQ（情商），20％靠IQ（智商）。现在心理学家们普遍认为，情商水平的高低对一个人能否取得成功有着重大的影响作用，有时其作用甚至要超过智力水平。所以管理者要加强自身情商的修炼，特别是要控制好自己的情绪，管好自己的脾气。杜月笙说：“头等人，有本事，没脾气；二等人，有本事，有脾气；末等人，没本事，大脾气。”佛家也讲“一念嗔心起，百万障门开”，很多管理者由于没有控制好自己的情绪，使自己“嗔心”很重，从而损害自己的“福报”，使得自己本来不错的前程变得黯淡无光。

3. 胸怀：管理者感召能力

有调查显示，在美国，学工商管理的人成为大企业家的很少，但从西点军校出来的人，成为大企业家的有很多，原因是做生意不是只靠读读报表和财务数据，而是靠一个人的胸怀、坚韧、眼光和想要改变世界的决心。千军易得，一将难求。一个卓越的企业领导者应该具备哪些素质？优秀的思想品格，独特的领导方式，良好的心理素质……这些都与领导者的眼光与胸怀息息相关。因为，领导者最重要的两个任务就是决策和用人，而决策和用人都需要眼光和胸怀。

管理者的胸怀宽广具体表现在：善意理解对方，欣赏对方，学会宽容、妥协，任人唯贤。

（1）善意理解对方

德鲁克说，管理是一门真正的博雅艺术（Liberal Arts）。管理的对象是谁呢？是人类的工作社群。从表面看，管理的目的是工作的成效，但是工作是由人从事的，所以，管理者不能不和人打交道。管理者天天都要面对既可爱而又不完美的人，面对人性中的善，人性中的恶，人的潜能、长处和人的弱点。任何有经验的管理者都会明白这一点：管理的本质，其实就是激发和释放每一个人的善意。对别人同情，愿意为别人服务，这是一种善意；愿意帮别人改善生存环境、工作环境，也是一种善意。管理者要做的是激发和释放人本身固有的潜能，创造价值，为他人谋福祉。这就是管理的本质。

为了能够做到这一点，管理者本身就应该是一个有善意的人，要把下属总是往好处想，善意地理解对方。

（2）学会宽容

领导者要允许下属有短处，这属于领导者的底线标准。现实工作中不存在没有缺点的人，一个人很难做到完美，即使能做到，因为知觉偏差的存在，人们对同一行为会有着不同的评价，也不认为是完美。例如，表现忠诚也可能被人认为是拍马屁；建立工作联系也可能被人认为是拉关系；实行团队工作也可能被人认为是拉帮结派……你怎么做，别人都会有不同的评价，所以，对别人不要求全责备，对自己也不必追求完美。

当年美国南北战争期间，林肯开始选用的是没有什么缺点的将领做统帅，但战绩很糟糕。林肯非常不解，经过深入分析，他发现南军那些将领大都缺点、优点非常明显，统帅李将军却能扬长容短，因而战果辉煌。林肯受到极大的启发，他大胆任命格兰特将军为总司令，发挥他“善统兵打仗、可决胜千里之外”的帅才优势，而容忍他“嗜酒贪杯”的弱点。南北战争的历史事实证明林肯选择格兰特将军做统帅是多么正确。

著名的管理大师德鲁克曾经指出：倘要所用的人没有短处，其结果至多只是一个平平凡凡的组织。所谓样样都是，样样精通，可能一无是处，样样稀松。有高峰必有深谷，才干越高的人，其缺点往往也越显著。正如列宁所说："一个人的缺点就是优点的延续，优点是缺点的延续。"

宽容别人，不但是接纳别人的缺点，原谅别人的错误，其实也是宽容我们自己。多一点儿对别人的宽容，其实，我们生命中就多了一点儿空间。宽容是一种坚强，而不是软弱。宽容所体现出来的退让是有目的、有计划的，主动权掌握在自己的手中。无奈和迫不得已不能算宽容。宽容是一种美德。只有宽容才会团结大多数人与你一起认知方向，只有妥协才会在坚定不移的正确方向上减少对抗，只有如此才能达到你的目的。

（3）懂得妥协

管理者要具备妥协的品质，学会在妥协中前行。在人际交往中，如果不懂得妥协和适时弯曲，往往会使双方不欢而散。只要双方的矛盾没有上升到敌我对立的严峻程度，就都可以忍让、退步。

任正非认为：学会妥协是管理者应该具备的素质。他说："任何事物都有对立统一的两面，管理上的灰色，是我们生命之树。我们要深刻理解开放、妥协、灰度。""我们的各级干部要真正领悟了妥协的艺术，学会了宽容，保持开放的心态，就会真正达到灰度的境界，就能够在正确的道路上走得更远，走得更扎实。"灰度，是需要时间和失败才可以悟到的。那是无数次的惊心动魄、无数次痛苦不堪的彻悟后，终于有了超然的整体观。从那个灰度的高度看下来，人的潜能无边界。而人们却常常不接受灰度，非要来个黑白分明，非要自己把自己活活拘死。

中国历史上的变法大多失利，为什么？任正非仔细研究后发现：历史上的变革者太激进、太僵化、太苛刻、太急迫，缺少宽容、缺少妥协、缺少开放、缺少灰度。他们不知道在混沌灰度的世界里，是非、善恶、高下等分分钟都在转化。灰度中保持平衡的智慧是：曲则全、枉则直、洼则盈、弊则新、少则得、多则惑。唯有知雄守雌、知荣守辱、知白守黑，方可为天下溪、天下谷和天下式。

妥协并不意味着放弃原则，一味地让步。明智的妥协是一种适当的交换。为了达到主要的目标，可以在次要的目标上做适当的让步。这种妥协并不是完全放弃原则，而是以退为进，通过适当的交换来确保目标的实现。相反，不明智的妥协，就是缺乏适当的权衡，或是坚持了次要目标而放弃了主要目标，或是妥协的代价过高而遭受不必要的损失。明智的妥协是一种让步的艺术，妥协也是一种美德，而掌握这种高超的艺术，是管理者的必备素质。

联想的老板柳传志也认为：在没有原则性问题的情况下，联想的管理者一定要学会妥协。他说："管理者连妥协都不会，成不了什么管理者。"

（4）任人唯贤

管理之道，唯在用人。通用电气前总裁杰克·韦尔奇说："让合适的人做合适的事，远比开发一项新战略更重要。"管理者用人是否唯才是举、任人唯贤，决定了管理者的格局与境界，也决定了管理者的胸怀是否宽广。心胸狭窄的管理者用人是任人唯亲，喜欢用与自己关系好的人，喜欢用溜须拍马的人。

任人唯亲会让事业毁于一旦。现在的年轻人可能都没有听过"王安电脑公司"的名字，可是20世纪80年代初，王安公司曾是美国计算机领域中的翘楚，创造过辉煌的业绩，实力可与电脑巨人IBM分庭抗礼。然而，在企业发展的关键时刻，创始人王安没有选择公认的最佳人选来做接班人，却任命其缺乏管理能力的儿子王列为公司的总裁，他觉得只有把亲手创立的基业交给儿子才能够百分之百放心。可是在1986年王列接手公司后，公司一年之中竟亏损4.24亿美元，公司股票价格在3年中下跌90%，在这之后公司的状况每况愈下，不得不于1992年申请破产。如果当时王安能够将接力棒交给最合适的接班人，而不是任人唯亲地交给自己的儿子，那么，今天的电脑市场恐怕将会是另一番格局。企业任人唯亲招致失败的事例不胜枚举。管理者应该好好吸取教训，在选拔领导和分配任务的时候，应该唯才是举，任人唯贤。

将亲人“拒之门外”。联想集团之所以能够从小企业成长到如今电脑行业的龙头，离不开它严格的内部规章管理制度，更离不开其领导者的个人魅力。在联想的制度里就有一条是领导的子女不能进公司。集团创始人柳传志的儿子是北京邮电大学计算机专业毕业的，对于每个学计算机的人才来说，谁不想进入像联想这样有发展前景的公司呢？柳传志的儿子不是不想进入联想，也不是没有这个实力，而是做父亲的柳传志不让他到公司来。这与上文提到的王安公司可谓形成了鲜明的对比。柳传志也有自己的考虑，他担心如果员工的子女们进入了公司，再相互结婚，互相联合起来，形成各种各样的利益集团和小团体，将来想管也管不了了，可能会导致公司的土崩瓦解。正是柳传志的这种以身作则，联想公司的其他领导都以他为榜样，将亲人拒之门外，保证联想的人才选拔和职员提升免受“亲疏”的干扰。这样才能营造相对公平的环境，提高员工的积极性。

管理者用人要多用能力超越自己的人，不能用能力不及自己的人。管理者用人要避免“俄罗斯套娃现象”。套娃现象是指人们喜欢招选与自己类似但比自己“小”的人做下属。不仅仅是招聘比自己小的，而且是个性相近的。假如最外层的套娃是有权选才的人，他只能容纳那些能力不如自己而且个性跟自己相近的人。那么下级一个比一个能力低。最终结果是，整个组织永远发展壮大不了。在公司组织中，用比自己差的人，这样自己就最安全也更方便自己管理。心胸狭窄的管理者因为害怕下属能力比自己强，害怕下属功高震主，从而威胁到自己的饭碗，因此，在选择应聘者的时候，往往以自己为标准进行衡量，结果人越招越差，导致公司的发展越来越差。

4. 责任：管理者成功基础

管理学大师德鲁克曾说，如果用一个词来描述管理的本质就是“责任”，用两个词来描述就是“责任、责任”，用三个词来描述就是“责任、责任、责任”。可见，责任之于管理是何等重要。承担责任是管理者的第一要义，对管理者最根本、最起码的要求就是能够负责。随着领导职位上升，所负责任便随之增加，而所享权利则随之减少。能否承担责任，决定了管理者是否称职。管理者的必备素质就是要有担当意识和责任感。华为公司前董事长孙亚芳曾经这么认为：“把有责任心的培养成管理者，让最有责任心的人担任最重要的职务！把有能力的人培养成英雄。”

管理者的责任感主要表现在学会推功揽过，出现问题的时候不找借口，不找客观原因，不找他人，敢于承担过失，敢于直面矛盾。孔子也说过“行有不得反求诸己”，这就是管理者的责任感。

我们看一个例子：

诺曼底登陆在即，作为最高统帅也不敢保证万无一失，于是就准备了两份新闻稿，历史已经证实最终选用了胜利的新闻稿。而失败的新闻稿是这样写的：“我们的军队非常勇敢和尽职，诺曼底登陆之所以失败，完全是我个人决策失误，我愿意承担全部责任……”写这则新闻稿的人就是当时的盟军司令德怀特·戴维·艾森豪威尔。历史是明智的，总会把成功和胜利赋予敢于担当的人。不但诺曼底登陆成功了，艾森豪威尔后来也成为美国第34任总统。

在企业中，很多管理者的表现是不尽如人意的，缺乏担当意识和责任感。被领导批评的时候，很多管理者的第一反应就是“不是我的错，都是月亮惹的祸”，总能找到“一千个伤心的理由”。在一个制造型企业，笔者曾经参加了公司的部门经理会议，发现了这么有趣的一幕：“销售经理总是抱怨最近公司产品交货太慢，为此总经理主持召开了一个协调会议。”总经理在会议上问生产部经理：“为何交货这么慢？”生产部经理解释说：“不是生产部门的原因，而是采购部门原料到货太慢。”总经理又质问采购部经理：“为何采购速度这么慢？”采购部经理解释说：“不是采购部门采购速度慢，而是财务部门资金支付太迟了。”总经理又扭头质问财务部经理：“为何资金支付这么慢？”财务部经理解释说：“这不是我们财务部门工作不力，而是近段时间销售部门回款太慢，账上总是不足。”这时候，总经理又质问销售部经理：“为何货款回笼这么慢？”销售部经理解释说：“不是我们回款力度不够，而是产品交货太慢，客户纷纷推迟回款。”你看，转了一圈又回去了。这个公司的部门经理没有一个在自身寻找原因，总是在“踢皮球”。

管理者外修五力

管理者在“才”方面要外修五力，这五力分别是：

活力：精力、激情、信念的体现，感染力的来源。

说服力：以德取信、以理服人、以情动人的能力。

决策力：超越自我、竞争取胜、当机立断的决策能力。

执行力：获得结果的能力。

资源配置力：识人与用人的能力。

1. 活力：精力、激情、信念的体现，感染力的来源

在管理团队中，管理者要想让团队有活力，管理者本人必须成为一个有活力的人。正如拿破仑说过：“一头狮子，带着一群羊，羊也会变狮子；一只羊，带着一群狮子，狮子也会变成羊。”所以，你会发现，什么样的领导会带出什么样的团队。一个有信念、有激情、有活力的领导者，团队成员必然会受到团队领导的影响，也会拥有激情和活力；同样，一个软绵绵的领导，他的团队一定会“死气沉沉”。在《亮剑》当中，为什么独立团被称为一支“嗷嗷叫的野狼团”，因为团长李云龙就是一只勇猛的“头狼”。

那么，管理者怎么保持活力呢？活力绝对不是“打鸡血”，不是一时的冲动和一时的热度。信念的外在表现就是激情，活力是激情的结果。领导者要为自己和团队找到信念。在《西游记》中师徒四个人，技能最差的人是唐僧，唐僧降不了妖，也捉不了怪，腾不了云，也驾不了雾。为何唐

僧却能成为团队的领导呢？因为唐僧具有坚定的信念。孙悟空、猪八戒和沙和尚虽然在技能上比唐僧要强得多，但是无论如何也成不了团队的领导者。因为他们三个人没有坚定的信念，他们为何去西天取经呢？是为了取经换解放，没有对事业坚定的追求。一经受委屈，孙悟空就闹着回花果山；猪八戒一遇到难题，就闹着分行李，回高老庄；沙和尚就要回流沙河。你看整个《西游记》中，无论遇到多么凶恶的妖怪，遇到多么风情万种的美女，唐僧从来没有退缩，一直向西天进取。所以，真正的活力来源于对事业的坚定信念。在企业发展过程中，管理者不可避免会遇到这样或者那样的困难，那么当团队成员被困难压得没有信心的时候，当大家看不到事业的前景的时候，当大家产生退缩的想法的时候，管理者一定要有坚定的信念，同时为团队带来希望，激发团队的士气。

2. 说服力：以德取信、以理服人、以情动人的能力

员工需要命令，更需要说服！如果说命令体现了管理者的威权，那么高超的说服力则加强了一个管理者的权威！具有说服他人的能力，你将成为一个成功的领导人。弗里德里克·道格拉斯（19 世纪美国废奴领袖）曾经说："如果我能说服别人，我就能转动宇宙。"纵观历史上的领袖人物，比如：耶稣、拿破仑、丘吉尔，这些领导共同的特征就是拥有好的口才。我们再看一下"团队"这两个字是怎么写的，是一个有口才的人带领一群有耳朵的人在工作，这就叫团队。这说明团队领导者必须具备一定的口才。

在很多情况下，公司制定的政策、指令或者上级领导的意图，不为员工所理解。面对这种情况，管理者如何让员工去执行？途径有两条，一条是靠命令；另一条就靠说服。选这两条途径的结果可能都会让员工遵从，但是员工的感受和执行力度是不同的。靠命令去遵从，员工不会心甘情愿，指令也会打折和变形；靠说服去遵从，员工会心悦诚服地去执行，执行一定会很彻底和到位。

那么怎样去说服员工呢？在这里有一个方法，就是亚里士多德的说服艺术。这个说服艺术的原理如下（见图 2-3）：

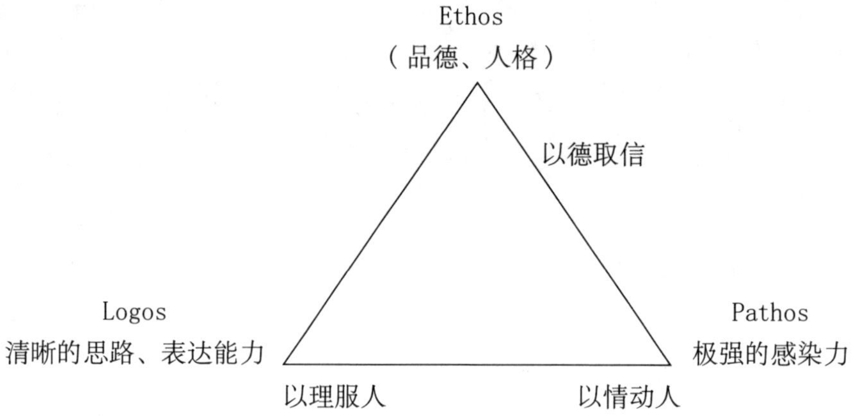

图 2-3　说服艺术原理图

（1）以德取信

人品诉诸是说服者的道德品质、人格威信，它是说服活动中的第一个基本方式。就说服而言，说服者必须使听众认为说服者的话语具有可信度。亚里士多德称人品诉诸是“最有效的说服手段”，所以说服者必须具备聪慧、美德、善意等能够使听众觉得可信的品质，因为“人格对于说服几乎可以说是起支配作用的因素”。

（2）以情动人

情感诉诸是说服活动中的第二种基本方式。情感诉诸是指通过对听众心理的了解来诉诸他们的情感，用言辞去打动听众，即通常所说的“动之以情”。它是通过调动听众情感以产生说服的效力，或者说是一种“情绪论证”，主要依靠使听众处于某种心情而产生。说服者通过带有倾向性或暗示性的语句向听众施加某种信仰和情感来激起他们的共鸣，并最终促使他们行动。说服者必须研究和分析听众的心理，适时地煽情。

（3）以理服人

理性诉诸是说服活动中的另一个基本方式。理性诉诸是指言语本身所包括的事例与或然式推理证明，即“逻辑论证”，因此，理性诉诸既是对理性推论的研究，又是对言语逻辑的研究。亚里士多德认为，人的理性是人的思想能力中最共同、最普通的，并提出了通过理性诉诸的方法来达到有效说服的目的的观点。

作为管理者，在说服别人的时候，是先讲情，还是先讲理？我们发现，如果管理者开始就讲理的话，被说服者的本能反应就是抵触。所以，应该先讲情，再讲理。那么，以德取信就要体现在平时的为人处世当中了，管理者要做一个值得别人信任的人。

在《芈月传》中，有个剧情是这样的：当时秦国面临内忧外患，外面五国虎视眈眈，内部有人造反，甚至有人要刺杀芈月。芈月集齐众将士于广场，来了一段慷慨激昂的演讲，前后不到 6 分钟，结果所有将士群情激昂地表示要效忠太后。芈月所用的说服方法就是亚里士多德的说服方法，先讲情，再讲理，最后把所有的叛军全部慑服。这其实就是管理的最高境界：不战而屈人之兵。

3. 决策力：超越自我、竞争取胜、当机立断的决策能力

“管理就是决策”是美国著名管理学家赫伯特·西蒙的一句名言。管理就是决策，这一定义切中了管理的要害。因为决策是企业里做任何事情的第一步，即先要决定做什么，然后才是怎么做的问题。决策也是企业最费神，同时也是最具风险性的核心管理工作。西蒙等人认为，组织就是作为决策者的个人所组成的系统，组织的全部管理活动都是集团活动，其中心过程就是决策。制订计划的过程是决策；在两个以上的备选计划中选择一个，也是决策。组织的设计、部门化方式的选择、决策权限的分配等，

是组织工作中的决策问题。实际成绩与计划的比较、控制手段的选择等，是控制中的决策问题。可见，决策贯穿于管理的各个方面和全部过程。所以，管理就是决策。

管理者具备高超的决策能力是衡量管理成效的重要标志，也是企业选拔任命管理者的一项重要标准。正如任正非所说："干部需要具备三方面能力，成功的决断力、正确的执行力、准确的理解力。仅具备准确的理解力，适合在机关做干部；具备正确执行力，可以做个部门的副职。具备成功决断力的干部可以做部门正职。第四种是人际能力，我们选拔干部主要是这四种能力标准。理解力就是说，一个干部，他都听不懂你在讲什么，那怎么去执行，怎么能做好呢？要加强中层干部的执行力，高级干部要有决断力。"

优柔寡断的人不能成为一个合理的管理者，最起码不能成为一个合格的部门一把手。我们看历史经典，看到"庶子，不足与谋"这句话，说的就是优柔寡断的人。第一个说这句话的人是《鸿门宴》中"亚父"范增，本来范增把"局"设定得很好，只等待项羽下决心。但是，项羽是一个优柔寡断和有妇人之仁的人，最后把刘邦放跑了，气得范增对项羽说"庶子，不足与谋"，意思说：你小子优柔寡断，成不了什么大器，不能与你一块儿共事。在历史上第二个说这句话的人就是曹操，当各路诸侯联合讨伐董卓的时候，只有曹操和孙坚行动，其他人都隔岸观火，按兵不动。气得曹操对盟主袁绍说："你亏为四代三公，庶子，不足与谋。"慢慢地，"庶子，不足与谋"就成为一个优柔寡断的人的代名词。

作为管理者要具备当机立断的能力，俗话说"当断不断反受其乱"，如果缺乏决断力，也会丧失很多机会。那么什么是决断力？所谓决断力是对事物的发展经过充分的调查、分析和论证后的果敢行为。决断力绝不等于武断。武断是一种轻率的判断。在企业中，有一种领导叫"四拍领导"，也就是我们说的武断型的领导。做决策的时候，想当然，拍脑门；下指令的时候，胸有成竹，拍胸脯；出现问题的时候，捶胸顿足，拍大腿；需要承担责任的时候，溜之大吉，拍屁股走人。

管理者如何做出高效决策，需要在以下五个方面努力：

（1）要确实了解问题的性质，如果问题是经常性的，那就只能通过一项建立规则或原则的决策才能解决。

（2）要确实找出解决问题时必须满足的界限，换言之，应找出问题的“边界条件”。

（3）仔细思考解决问题的正确方案是什么以及这些方案必须满足哪些条件，然后再考虑必要的妥协、适应及让步事项，以期该决策能被接受。

（4）决策方案要同时兼顾执行措施，让决策变成可以被贯彻的行动。

（5）在执行过程中重视反馈，以印证决策的正确性及有效性。

4. 执行力：获得结果的能力

管理者的一项重要职责就是要不折不扣地执行上级的指令。执行力也是衡量管理者管理效能的重要标志。执行重在结果，而非任务。很多管理者把结果当成了任务，结果是具有交换价值的，而任务没有丝毫价值。很多管理者向上级汇报的时候，不汇报结果，仅仅汇报任务。对上级管理者仅仅这么说：“领导，我按照你说的做了；领导，该走的流程，我也走了；领导，该努力的，我也努力……”这叫“完成差事、例行公事、敷衍了事”，根本不叫执行力。执行力是获得结果的能力，那么执行力有什么标准呢？有人认为，执行力是三个维度的紧密结合，即速度、准度和精度。速度指的是执行的效率，完成的时间与领导要求的时间的差异；准度指的是完成实际结果与领导要求的结果差异；精度指的是每次执行的结果偏差程度。我们在这里所说的执行力正好指的就是高速度、高准度和高精度。

我们以前肯定听到过这么一句话：当一天和尚撞一天钟。那么试问一下，这样做对吗？有很多人认为这句话没有毛病呀，当和尚的职责就是撞钟呀，但是小和尚就这么下岗了。本来干的是撞钟，可老和尚让小和尚下岗去后方劈柴了。小和尚有点不服气，找老和尚来理论。

小和尚说：“师父，难道我撞钟次数不够吗？”

老和尚说：“次数够啊！”

小和尚说：“师父，难道我撞钟撞得不准时吗？”

老和尚说：“也准时呢！”

小和尚说：“那为什么我撞钟撞得好好的还让我去后方劈柴呢？”

我们都知道，寺庙里面每天需要撞钟。那么撞钟的目的是什么呢？撞钟不是为了报时，也不是为了提醒上课，而是为了让六道众生惊醒，让众生脱离轮回，远离六道。钟声响，智慧长，烦恼清，菩提增。要求撞出来的钟声必须浑厚有力。虽然小和尚也撞钟，但是撞出来的钟声是软绵无力的。老和尚要的是执行的结果，而小和尚却给了一个完成的任务。

但是，我们管理者也不能为了一个完美的结果而牺牲执行的速度，不能天天考虑如何把钟撞响，而不是大胆地尝试。执行力还体现在行动力上，甘地说：“重要的是行动本身，而不是行动的结果。你必须做正确的事情，你的权力也许不够大，时间也许不够多，但是这并不表示你就应该停止做正确的事。也许你永远也不能预知你所采取的行动会带来什么成果，可是如果你什么也不做，那就绝对不会得到任何成果。”

5. 资源配置力：识人用人的能力

管理者手里掌握着员工不能掌握的资源，如何配置好这些资源是管理者成功与否的关键。这些资源包括人、财和物。高效的管理者就是把这些资源协调起来，把这些资源配置到一个最佳状态，减少对资源的浪费。在所有的资源中，管理者最容易浪费的资源就是人力资源，最容易忽略的也是人力资源。

德鲁克曾经这么说：“所谓企业管理，说到底就是人的管理，人的管理，就是企业管理的代名词。”

海尔首席执行官张瑞敏这样说：“企业即人，以人为本，以人为中心，一定是无限的成长，因为人的价值是无穷的。”

杰克·韦尔奇说：“我们能做的一切就是把赌注押在我们所选择的人的身上。因此，我们的全部工作就是选择适当的人。”

管理者最大的失误，就是选错人。有人会问：人选不对，可以后天培养和改造呀！其实，这样难多了。世界最大的管理咨询公司盖洛普的观点：选对人比培养人重要。微软的观点：微软员工所取得的成功主要得益于先天智慧而不是经验积累。微软注重招聘时的慧眼识珠而不是后来的经验。在人力资源管理上也有一个著名的谚语：与其教会一只火鸡上树，不如找一只猴子轻松得多。所以，如果人选错了，即使费了九牛二虎之力也很难培养出人才。

那么，管理者如何识人呢？识别人要关注的素质并非学历、经验和技能，关注“冰山模型”（见图 2-4）以下的部分，而非上面的部分。

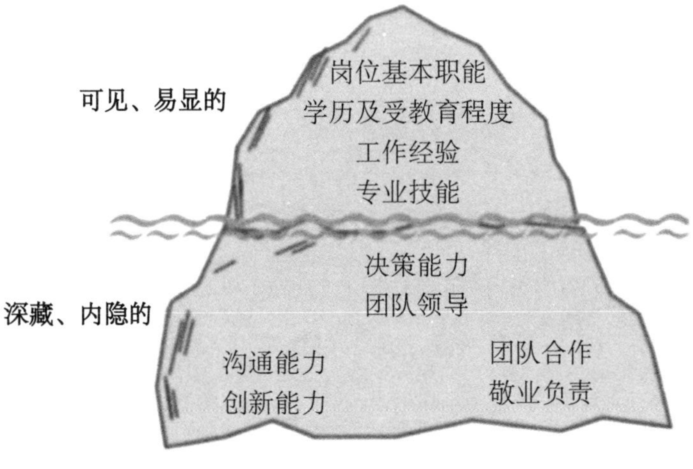

图 2-4　能力的“冰山模型”

冰山以上的部分，可以经过后天培训进行培养，而冰山以下部分往往大部分是先天的，后天很难培养。所以，管理者在选人的时候，把重点放在“软门槛”上，而非硬门槛上。

用好人的前提是会识别人，要充分了解下属的优点和缺点，把适合的人放到适合的位置上去，发挥出每个人的价值与优势。在二战时期，作为美国陆军参谋长马歇尔将军，具有较强的识人和用人的能力，他对手下的每一个将军的优点与缺点都了如指掌。马歇尔的用人原则：第一不用跑官、要官的人。第二不用文过饰非、邀功推过的人。第三不用事必躬亲的人。第四慎用性格粗暴的人。第五不用悲观主义者。第六不用不团结的人。马歇尔的笔记本里在巴顿名字后面写有三句话：“他能带领部队赴汤蹈火”“但要用一根绳子紧紧套住他的脖子”“一有装甲部队，就交给他指挥”。马歇尔在给罗斯福的提名报告里说：“艾森豪威尔不仅具有军事方面的学识和组织方面的才能，还善于使别人接受他的观点，善于调解不同意见，使人感到心情舒畅并真心地信赖他。而这些品德和长处，又恰恰是我们驻欧洲部队统帅所必须具备的素质。”

识人贵在深入。选人不能主观判断，也不能以偏概全，更不能感情用事。

用人贵在扬长。扬长避短是用人的一个基本理念，也是管理者的一项基本功。在“扬长”与“避短”的关系中，“扬长”应是主要方面，因为长处决定一个人的价值，“扬长”不仅可以避短、抑短、补短，而且能够强化人们的才干和能力，使其更好地开展工作，服务好企业。清人申居郧说：“人才各有所宜，用得其宜，则才著；用非其宜，则才晦。”意思是说，人的才能各不相同，用其所长，就能使其充分发挥作用；用非所长，就会埋没其才能。这告诉我们：人们往往只能熟悉和精通某一领域的知识或技能，只能在相应的领域施展拳脚，否则特长就可能被抑制甚至埋没。因此，用人重在“扬长”，不能唯用责人，更不能削足适履。清代康熙年间的顾嗣协在《杂兴》中这样写道：“骏马能历险，犁田不如牛；坚车能载重，渡河不如舟；舍长以就短，智高难为谋；生才贵适用，慎勿多苛求。”明太祖朱元璋打天下的时候，从浙西得到“四贤”，甚为高兴。他根据四位才子各自的长处予以不同使用：刘基善于谋略，就让他参与军国大事；宋濂长于诗文，就叫他主理文化典籍修撰；叶琛和章溢有政治才干，就派他们担任地方大员。可以说，善于“扬长”，使智者尽其谋、勇者竭其力、仁者播其惠、信者效其忠，是古今成功领导者一种具有共性的智慧。

用人重在谦卑。古人曾子有句话说得好：“用师者王，用友者霸，用徒者亡”，这是管理者用人的三重境界。

“用师者王”就是领导者非常谦虚，尊奉真正贤能之人为老师，从而“王天下”成大功。例如周武王用姜太公，尊之为国师，其后文王逝世，武王继位，又用姜太公，并尊为尚父。汤用伊尹，齐桓公用管仲，尊之为仲父，燕昭王用郭隗，都是用师。

“用友者霸”就是领导者对下属像兄弟朋友一样。例如刘邦用萧何、韩信、张良，苻坚用王猛，刘备用诸葛亮，等等，都是用友。

“用徒者亡”是指专用言听计从、唯唯诺诺、顺人喜好的人，那是必然会失败的。

这是曾子体察历史经验而后据以说明历史兴衰成败的用人大原则，这是古代施行王道、招揽人才的办法。

老子在《道德经》中这样说：“善为士者不武，善战者不怒，善胜敌者不与，善用人者为之下。是谓不争之德，是谓用人之力，是谓配天，古之极。”意思是说：善于统兵者，不穷兵黩武；善于打仗者，不会被激怒；善于战敌者，不会与敌对峙；善于用人者，谦下之。

可见，一个懂得发挥团队成员积极性的管理者，一个善于用人的领导者，往往不会把自己放到高高在上的位置，而是把自己放到一个低位。

第三项修炼

激发潜能的教导者
——教导下属，成人达己

在你成为领导者之前，成功的全部就是自我成长；当你成了领导者，成功的全部就变成帮助他人成长。

——杰克·韦尔奇

THE THIRD PRACTICE

好领导就是好教练

管理者不是一个事必躬亲的人，不是一个劳模，是一个懂得借力的人。但是，怎样让管理者学会借力呢？必须把下属的能力培养起来，否则只能是无力可借。

培养人对企业、管理者和员工本人都有什么好处呢？

案例：

小林是新入职的生产操作员，在接受了一天关于公司规章制度和安全生产的培训后，他感觉很幸运地获得这份高薪工作，满怀学习的热忱。他被派往工作现场去学习，抵达那里后，他看到几位衣衫不整的工人在杂乱不整的车间工作，整个车间肮脏不堪，地板上到处都是报纸和废弃的瓶子。师傅老王向小林自我介绍，然后从机器的夹缝里抽出几页破损的操作流程和安全事项，讲解了如何操作，向小林示范了整个流程是如何运行的，小林一脸茫然地看着老王，想提问却不知道从哪里问起。10分钟后，班组长急忙来找老王，让他处理一下设备故障。老王连声答应，转头对小林说："资料都在这儿了，自己看着练吧，很简单的。"接着离开了。小林自己摸索了一会儿，有几个问题搞不明白，便去请教老王。焦头烂额的老王不耐烦地指点了几句，心里想："工作都忙不过来，还让带新人，培训部那些人都在干吗？"小林沮丧地走开了，他明白从现在开始，他得靠自己了。

我们思考一下：这样会造成什么样的后果呢？对企业而言，会留不住人才，不能形成人才梯队；不利于后备人才的培养，也不能形成良好的企业文化。对管理者和老王而言，自己只能焦灼在繁杂的事务当中，不能解脱出来；对于小林而言，极易发生安全事故，成长速度太慢，容易造成离职。

作为管理者，首先认识到培养人于企业、管理者和员工都是百利而无一害的。具体而言：

对于企业：有利于公司文化的传承，营造一个选帮带的文化氛围；有利于人才梯队建设，后备人才的培养，使企业源源不断得到可持续发展的人才；有利于知识的沉淀。

对于管理者：可以充分解放管理者，让其有时间和精力去做更重要的事情；可以提升个人的领导力，加强员工的感情交流；可以不断提升个人的能力。

对于员工本人：可以提升本人的岗位技能，提升工作绩效；可以增加对企业的归属感；可以不断实现个人职业生涯的发展。

那么，为何在企业中很多管理者不去培养人呢？究其原因无非有三个：不敢、不愿和不会。

不敢：有些管理者心胸狭窄，担心“教会徒弟，饿死师傅”，害怕把下属教会了，自己的职位会被下属顶替。不可否认，这种情况在企业中也可能会存在。但是，我们想一下，随着互联网不断普及，人们获取知识越来越方便，以前很多很难学到的知识，现在很轻松就可以学到。即使管理者不去传授员工，随着时间的积累，员工也会通过其他渠道获取这些知识或者技能。再说，传授技能是一个“教学相长”的过程，教授别人的同时，自己的技能也会不断提升，大可不必担心下属的能力会超越自己。

还有的管理者担心好不容易把下属培养起来了，下属却跑了，所以干脆不去培养。我们想一下，企业最大的成本是什么？是没有经过培训的员工。与其让一群“傻子”在那里浪费时间和资源，不如让他们“开化”为行业做贡献的好。再说了，员工离职是不是培训的原因呢？不是，而是企业管理本身的问题。举个例子：1978 年中国向海外派遣大量的留学生。有人担忧，这样大规模派留学生出国是史无前例的，人派出去不回来怎么办？当然，也存在很多留学生学成后滞留国外的现象。邓小平说："你先把人给派出去，不要怕跑，跑 10%、20%，还有 80%。" 这就是战略家的远见卓识。所以，企业管理者不能因为担心有些员工离职而不去培养员工。

不愿：也有些管理者不是不敢教，而是认为教授下属既费时又费力，与其花费那么多时间去教，还不如我自己去做好了。当然，教授别人绝对不是一件轻松的事情，的确存在费时费力的现象。但是，如果不去教，自己会永远干到"死"。看似教授员工可能花费你 20 小时，但是如果员工掌握了这些技能，就节约了你 200 个小时时间都不止。

不会：也有好些管理者想教，也愿教，但是就是不会教，属于"茶壶煮饺子——肚里有倒不出来"。亲自操作一点儿问题没有，但是却教不了。出现这种现象的原因，在于缺乏教练技能。

培养人、带队伍是管理者不可推卸的责任，不是想不想、愿不愿的问题，而是必须培养的问题。美国麻省理工学院斯隆管理学院教授彼得・圣吉在他享誉世界的《第五项修炼》一书中指出：组织领导者有三个角色，分别是设计师、仆人和老师。所谓领导者是老师，意指要帮助组织成员看清楚真相（现况），找到焦点，并且促进每一个人都能学习。

在组织中我们除了要求管理者充当老师外，还有两个相似的角色就是：师父和教练。这三个角色有何不同？管理者最应该充当哪个角色呢？

老师：给学生传授知识的人。传授的内容主要是理论知识。在知识水平上老师应该超过学生。老师以"说教"为主，以老师为主角，学生为配角。

师父：给徒弟传授技能的人。传授的内容主要是实操技能。在操作技能上师父应该超过徒弟。师父以"示范"为主，以师父为主角，徒弟为配角。

教练：是指导、训练、督导他人的人，是帮助他人发现自我潜能、以期获得完成目标的方法或技术。教练以“启发”为主，以他人为主角，教练为配角。教练不一定是某项专业技能最强的人，也不一定会超过被教练者。比如刘翔的教练孙海平，跑田径110米栏绝对跑不过刘翔，但是他能让刘翔成为世界冠军；再比如在欧美很多国家，很多足球教练踢足球的水平并不高，但是他们会教。所以，教练虽然不是技能高手，但是他一定是专业中各项流程和项目中思路最清晰的人，同时也是一位心理学的高手。

通过以上解释，我们发现老师和师父一个是理论为主，一个是以技能为主，但是两个角色都起到了同一个作用：解决了会不会干的问题；但是没有解决掉另一个问题：愿不愿干的问题。而教练起到了老师和师父不能起到的作用，解决了他们不能解决的问题：不但让其由不会干到会干，而且让其从不愿干到愿干，激发了员工的潜能。我们知道，员工做出业绩离不开三个要素：能力、意愿和资源；老师和师父只能解决能力的问题，而教练却能解决能力和意愿的问题。所以，管理者要充当的角色是教练。

“一个人的不成功是因为‘没目标’‘没理想’‘没自信’‘没教练’‘不知自己有何潜能’。”这是电影《永不放弃》中的一句话。影片中的男主角布鲁克拥有一位出色的教练，这位教练看出布鲁克没有自信，于是在橄榄球场上举办了一场“生死爬行”活动。同学们纷纷完成了任务，坐在一旁等着看布鲁克的好戏。教练让布鲁克背上一个72公斤（千克）的男人爬30码。布鲁克竭尽全力，可刚到一半便精疲力竭，累得满头大汗。教练把他的眼睛用一块黑布条蒙住，让他再背着搭档爬一次。几分钟后，大家震惊了：30码、40码、50码、60码！同学们全站了起来，一脸惊讶地望着球场上那个咬着牙、匍匐前进的布鲁克。布鲁克还在爬，他每前进一步都是在挑战自身能力的极限。这时教练不断呐喊，鼓励布鲁克继续爬下去。就这样，布鲁克完成了他人生中一个最刻骨铭心的成就：背着一个 72 公斤的男人爬行 110 码。一直没有信心的布鲁克为什么获得成功了呢？整个故事都离不开一个重要人物——教练。从发现到引导，从引导到陪练，从陪练到加油，从加油到呐喊，直到最后和布鲁克一起趴在地上的都是教练。影片结束，出现了几行字：布鲁克的教练一直在呐喊，喊了 13 次“对了！就是这样”，喊了 18 次“加油”，喊了 13 次“别放弃”……感谢那些帮助过我的人，你们一次又一次地帮我翻过难关堆起的大山；感谢蕴含在我体内的力量，你一次又一次地使我看到希望。

培养员工的三种方式

在员工培养上最主要的有三种方式：OFF-JT（脱岗培训）、SD（自我发展）和OJT（在职培训）。这三种方式各有其特点，也都有自身的适用场景（见图3-1）。

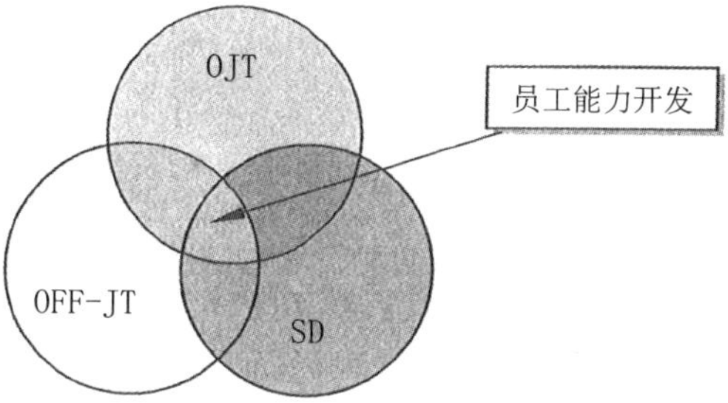

图3-1 培养员工的三种方式

1.OFF-JT（脱岗培训）： Off the Job Training 离开工作场所的集合式教育（见表3-1）。

表3-1 OFF-JT（脱岗培训）的优点、缺点及适用场景

优　点	缺　点	适用场景
• 适合原则或基本事项等体系化教学 • 可计划性地进行辅导 • 学习者可以专心投入学习	• 无法针对学习者的学习需求进行适合的指导 • 无法进行反复追踪指导 • 学习内容的实践由学习者自我决定	• 适合共性的知识和技能的学习

2.SD（自我发展）：Self Development 部属对自己进行的培育活动（见表 3-2）。

表 3-2 SD（自我发展）的优点、缺点及适用场景

优 点	缺 点	适用场景
• 学习意愿强 • 选择适合自己的学习方法 • 积极应用学习的内容	• 学习意愿难以长久持续 • 学习者可擅自更换学习对象 • 学习者随意订立达成目标的标准	• 适合个性化知识学习，或者公司的规章制度、企业文化的学习

3.OJT（在职培训）：On Job Training 即指主管对部属（或技能娴熟的老员工对普通员工和新员工）通过工作或与工作有关的事情，有计划地提升员工绩效的能力（对工作绩效产生作用的知识、技能与行为）的活动（见表 3-3）。

表 3-3 OJT（在职培训）的优点、缺点及适用场景

优 点	缺 点	适用场景
• 可根据学习者和工作状态进行适当辅导 • 可以反复进行追踪 • 学习者可以通过反复练习掌握诀窍	• 无法计划性地进行 • 只有最小限度的必要事项能接受指导 • 没有充分的指导时间	• 适合个性化技能提升学习

企业只有把这三个不同形态的培训方式有机地结合起来，才能达到有效开发员工工作能力的目的。在这三种方式中，最主要的方式是 OJT。提升员工能力的最佳途径在工作岗位上，一边工作一边配备“教练”对员工进行现场指导，是企业培养和提升员工工作能力的必由之路，尤其是对新员工尽快熟悉业务和提高业务能力，这是最直接、最有效的方法之一。OJT 在整个培训中大约占了 70%的比例。可以说，在职培训是让员工尽快

熟悉业务和提高业务水平的最好方法，离开工作岗位去谈业务，那只是纸上谈兵。只有一边工作、一边体会，一边摸索、一边感悟，才能更快地掌握业务知识，提高工作技能和能力。

OJT 辅导的方法

OJT 在职辅导不需要专门的时间，也不需要专门的地点，只要管理者想教、愿教，随时随地都可以教。在很多管理者的意识当中，认为 OJT 在职辅导仅仅以传授技能为主，这存在很大的误区。要做好 OJT 在职辅导，首先树立正确的 OJT 价值观，OJT 在职辅导具有三大理念，这三大理念分别是：

1. 文化的传承

这一点尤其是对新员工的在职指导更能体现，新入职员工有不同的价值观、经历及背景，如果要使其早一些融入新的团队，达成统一的行为和价值观，就要对新入职员工开展诸如企业文化、规章制度方面的培训，这就是传承公司企业文化的体现。

当新员工刚刚加入一个团队的时候，由于人生经历、成长环境和个人价值观不同，新员工在短时期内很难融入团队，在这个时候，作为团队的领导者，有必要把团队的文化灌输给新员工，让新员工能快速认可团队的文化，尽快融入团队中。

在《士兵突击》中，有一个感人的片段是许三多加入钢七连。由于许三多是从红五班转过来的，在红五班待久了，自然会带上红五班的习气。看过这个电视剧的人都清楚，红五班是个草原班，五个人在草原上看加油站，这个班刚开始不出早操、不整内务、做饭靠赌博。而钢七连却是一个与红五班有不同文化的连队，钢七连是有革命历史传统的尖刀连。当许三多刚加入这个连队，班长给许三多上的第一堂课并非军事技能课，而是传递了钢七连的精神，并为此举办了一个入连仪式。仪式刚开始，许三多从兜里面拿出一大把石头，在众人面前摆弄，一副玩世不恭、吊儿郎当的样子。这时候，班长伍六一一把把许三多的东西抢了过去："列兵许三多，严肃一点儿！你当你在转校插班呢？从今天起，你正式成为钢七连的一员！列兵许三多，立正！手上的石头扔了！列兵许三多，钢七连有多少人？"从而拉开了许三多庄重的入连仪式。

"列兵许三多，你必须记住，你是第 4956 名钢七连的士兵！"

"列兵许三多，有的连因为某位战斗英雄而骄傲，有的连因为出了将军而骄傲，钢七连的骄傲是军人中最神圣的一种！钢七连因为上百次战役中战死沙场的英烈而骄傲！"

"列兵许三多，钢七连的士兵必须记住那些在51年连史中牺牲的前辈，你也应该用最有力的方式，要求钢七连的任何一员记住我们的先辈！"

"列兵许三多，抗美援朝时钢七连几乎全连阵亡被取消番号，被全连人掩护的 3 名列兵却九死一生地归来。他们带回 107 名烈士的遗愿——在这 3 个平均年龄 17 岁的年轻人身上重建钢七连！此后钢七连就永远和他们的烈士活在一起了！列兵许三多，从这个意义上来说，我们是活在烈士的希望与荣誉之间的！"

"列兵许三多，我们是记载着前辈功绩的年轻部队，我们也是战斗的部队！"

"列兵许三多，下面跟我们一起朗诵钢七连的连歌。最早会唱这首歌的人已经在一次阵地战中全部阵亡，我们从血与火中间只找到歌词的手抄本，但是我们希望，你能够听到 4956 个兵吼出的歌声！"

……

经过这番洗礼，我们明显地发现，许三多的精气神都发生了变化，让许三多认识到加入钢七连绝不是转班这么简单，而是一种新生的开始，这是一种责任、一种担当和一种使命。

2. 报恩

这是一种心理诉求，使我们每位管理者真正能自觉自愿地发自内心秉着一种回馈的心理像前辈一样培养后辈。在上级领导眼中，管理者不但能创造业绩，而且要培养人，要带出一支过硬的队伍。

3. 爱的证明

组织内部不仅仅是靠规章制度维系人与人之间的关系，更是通过感情的交互建立一种默契感。因此，进行 OJT 其实就是向后辈传达一种爱，使后辈得到一种软性的关怀。

任何培训首先要明确实施的目标。OJT 的目的就是结合实实在在的现场业务，通过新人与老员工（部门经理、部门主管或经历丰富的员工）一对一的指导及自我学习，让学习者尽快掌握本岗位所必要的基本知识及专业技能，并尽早胜任自己的工作。这种方法的特点是以现场业务为中心和主动学习为主，再配备有能力的员工做认真的指导，是一个行之有效、开放式的业务训练方法。

在职培训有很多优点：第一，它是通过日常业务进行有针对性的指导和培训，所以培训的结果可以直接通过业务反映出来，对培训效果也比较容易测评；第二，在规定的期限内可以反复进行训练，直到达到既定的目的；第三，一对一的指导方法可以对受训者进行手把手的训练，而工作现场又是培养工作能力的最佳场所。在现场手把手地进行指导和训练，可以最大限度地保证培训的效果。正因为 OJT 有这么多优点和好处，所以很多企业都采用在职培训的方式。

OJT 的实施通常分以下五个步骤：

第一步：把握培训的需求

需要明确学习者在业务上最薄弱的地方在哪里，存在的主要问题有哪些，个人希望得到哪些提高，部门经理或主管希望对哪些地方进行指导等。

第二步：设定 OJT 指导的目标

通过一对一的指导，学习者要达到的水平（期待水平）、指导的期限和达成的时间，同时还需要考虑到设定的目标一定要符合下属的水平以及部门条件。

第三步：制订 OJT 指导计划和日程表

计划是实现目标的重要手段和方法，务必建立详尽的指导计划和日程表。在做计划之前，要了解清楚下属的实际情况，对员工的工作能力进行分类，并对不同的员工采取不同的指导方法。

第四步：实施 OJT

按制订的计划开始进行有序的指导，并利用各种业务和现场机会，指导者不失时机地对学习者进行指导和培养，有问题及时给予纠正。

第五步：评价和反馈

评价和反馈是 OJT 的最终阶段，要认真评价和总结目标的达成情况，包括对过程中的问题点把握、改善的事项、与本人的面谈等。

OJT 的培训可以分成两类：一是员工在工作中出现问题时，管理者要随时进行指导和纠正，这也是在职培训的一种；二是把 OJT 作为一个项目来启动，比如说拟订新员工的 OJT 计划，并按上面提到的步骤一步步去实施。企业实施 OJT 的时间长短要结合公司的实际情况而定。有的企业对员工岗位技能的要求很高，比如以电力检修为例，要培养一个能上岗独立操作的员工，至少需要两年甚至更长的时间，并需要现场的不断磨炼。因此，要结合本公司的特点开展 OJT 培训。但不管情况怎样，都必须事前制订详细的计划并有效实施，这样才能达到预期的训练目的。

在中国三星的下属企业里，对 OJT 教育是新员工入门培训的一项重要内容，实施时间的长短由各公司自行决定，但通常不少于三个月，同时在具体操作的方法上也有所差异。在此，以三星对新员工（本科以上学历）实施的在职培训为例，介绍一下新员工在职训练的具体方法。

（1）准备事项

1) 制作 OJT 日志本。公司要统一制作 OJT 日志本，并发放给每个新员工。

2) 制订指导计划。根据指导对象确定指导的内容，并提前和学习者进行沟通。

3) 确定指导者。指导者要提前准备相关的学习资料，并拟订具体的指导日程表。

4) 确定 OJT 的时间。在实际操作时，要确定起始日期和结束的日期。

（2）OJT 的主要内容

1) 完成 OJT 日志。就像写日记一样，要求学习者在接受指导期间，每天要记录当天学习的内容，写 OJT 日志，指导者要以周为单位进行 OJT 日志确认。

2) 一对一指导评价。要求学员对自己接受指导期间的态度、素质及业务熟练度等方面进行自我评价，然后由指导者再进行评价和确认。

3) 完成业务手册。为了使新员工尽快熟悉和掌握业务的流程、方法、工作的标准等，让新员工一边工作、一边体验和总结，并自己动手完成业务手册，指导者进行点评和反馈。

4) 完成相关书籍的读书报告。指导者给新员工指定在 OJT 期间要阅读的专业书籍，要求每个月一本。通过阅读相关的业务书籍，增加业务知识，加强对业务的理解。

（3）OJT 的具体实施及推进

如表 3-4 所示：

表 3-4 OJT 的具体实施及推进

实施日期		____年____月____日 — ____年____月____日	6 个月
项目		内容	时间
选定指导者		• 在新员工部门分配一周内指定指导者，负责对新员工进行指导 • 指导者要具有两年以上工作经历，能给新员工做出表率，并且是部门内部的业务专家	完成日期
一对一指导评价	指导计划	指导者制作六个月重点指导的项目及指导目标	完成日期
	指导日志	以周为单位，新员工自己完成主要业务内容指导的报告，并得到指导者及部门经理的确认	每周一次
	指导评价	对六个月内一对一指导的结果、态度和素质进行本人自我评价，再交给部门经理进行确认评价	完成日期
制作业务手册	制作要领	• 叙述业务流程要点，叙述各阶段的业务进行内容及处理方法，各流程之间的关联性等 • 每月完成 1 份，要求详细（根据实际的业务，规定不少于多少张 A4 纸）	每个月完成一个（共六个）
	评价	每月制作的业务手册，所在部门经理进行评价，部门内负责此项业务的员工也要进行评价	每月评价一次，共六次
读书报告	制作要领	每月与指导者商议后，选择并阅读 1 本与业务相关的书籍，阅读后完成读书报告	每月一个，共六个
	评价	每月完成的读书报告，要得到所在部门经理的评价，同时，部门内负责此项业务的员工也要进行评价	每月评价一次，共六次
OJT 计划的综合评价		将一对一指导评价、业务手册（六个）、读书报告（六次）提交给 OJT 负责人进行综合评价	完成日期

（4）OJT 评价方法，如表 3-5 所示：

表 3-5 OJT 评价方法

评价项目	详细评价项目	比重
一对一指导评价	自我开发的欲望，责任感，积极性，理解判断力，团队协作，业务熟知度	40%
业务手册	内容充实度，业务理解度，实用性	30%
读书报告	完成认真度，内容理解度，总结概括能力，实用性等	30%

注：每个评价项目满分 100 分，以此为基准进行打分后，按照比例进行换算，分期数进行评价。

一对一指导评价：以学员自我评价为基础，由部门经理最终评价。

业务手册：合计六次的部门经理评价及培训部门评价分数（每个月一次）。

读书报告：合计六次的部门经理评价及培训部门评价分数（每个月一次）。

OJT 辅导的时机

OJT 在职辅导虽然不需要专门的时间，也不需要专门的地点，但是在 OJT 的辅导过程中发现，有些时机可能效果最好，会收到事半功倍的效果；有些时机不好则可能效果会大打折扣。OJT 虽然是对员工的帮助，但是在帮助的时候，作为教练的确要看准时机，不同的时机，效果也是不同的。

在《西游记》中，孙悟空有双火眼金睛，一眼能够分辨出人或者妖，所以刚开始为了保护唐僧免受妖怪的侵害，行事风格是逢妖便打，逢怪便除。但是师父唐僧却是肉眼凡胎，人妖不分，不但不感激悟空，还错怪孙悟空滥杀无辜，最后在三打白骨精后，终于把孙悟空赶走了。这时候，你觉得是谁的错呢？我们认为不能怪唐僧，为什么呢？因为唐僧本身就是人，不能分辨人和妖。错在孙悟空，除妖不看时机。再后来，孙悟空变得聪明了。当发现是妖怪的时候，再也不鲁莽行事，他坐等时机，等妖怪把唐僧抓住，准备吃唐僧肉的时候，唐僧这时候哀求悟空来救，悟空抓住时机马上就出现在唐僧面前，把唐僧救下，唐僧对孙悟空万分感激。这说明了帮助别人最佳的时机是别人有迫切的需要的时候，雪中送炭远比锦上添花要好得多。

适合辅导的时刻：人们乐于开放、接收新信息的时刻。这时接收的信息将影响人们的知识和行为发生转变。主管要创造适当的环境，促进这种时刻的出现。在下列情况下是最适合教练对员工进行辅导的：

第一，有人请你提供建议、帮助、意见和支持时。

第二，有人正艰难地完成一个任务或开始一项新的工作、任务时。

第三，有人感到挫折、迷惘或一筹莫展时。

第四，有人表现反复无常或对自己的能力没有把握时。

第五，有人表达了要改进的愿望。

第六，有人表现低于一般要求或态度消极，影响工作时。

取得员工的合作与承诺是很重要的前提。鼓励员工主动要求辅导比我们去调查他后要求他接受辅导的效果好十倍。

当然在有些情况下，辅导员工的时机是不太适合的，不太适合的情况有以下几种：

第一，你与对方没有相互尊重、信任的关系。

第二，你对情况感到愤怒。

第三，对方非常忙。

第四，你的心情不好或难以进入状态。

与下属接触时是OJT最好的指导时机。通过接触可以随时发现问题并及时解决，也体现了对下属的关爱。寻找接触的方法有直接方式和间接方式。

1. 直接方式

（1）个人层面

1）寒暄、下指示、下命令时。

2）汇报、联系、协商时。

3）工作的机会、个别面谈、下班后的个人时间。

（2）集体层面

1）会议、朝会、夕会。

2）午餐时。

3）下班后个人时间。

2. 间接方式

（1）个人层面

1）汇报书（总结报告）。

2）通信（电脑 / 传真）。

3）取得的成果。

4）通过他人。

（2）集体层面

1）记录（总结报告）。

2）通过他人。

OJT 在职辅导中重视直接性，希望以“亲密交往”为原则，间接方式作为不得已的方式使用。

OJT 辅导的口诀

OJT 辅导的口诀：说给他听→做给他看→让他做做看→让他说说看→给他回馈或意见→再回头看看。

说给他听：把你所想要教的事情或技能告诉他。

做给他看：自己操作一遍给他看。

让他做做看：让他尝试去做做，看他会不会做。

让他说说看：他做完以后说出他的方法，看他能领悟多少。

给他回馈或意见：做得好的表扬，不好的地方给出意见，要求他注意。

再回头看看：从开始第一步到最后一步回顾一下整体学习情况，如果不行的话，再从头来一遍。

其他辅导方式

在辅导员工过程中，这些方法需要综合运用，不能单单采用某一种方式或方法（见表 3-6）。

表 3-6 培育部属的 OJT 法

团 队 指 导		个 别 指 导		其他
工作场所会谈	示范	责任强化	日常接触指导	其他
• 小团体活动 • 工作检讨会议参与及支持 • 信息共享	• 观摩 • 实习	• 授权 • 职务代理 • 工作分担 • 工作重组 • 工作轮调 • 工作标准化 • 自主管理 • 自我评估	• 个别指导 • 与下属共同解决问题	• 资料研读 • 读书会

我们看一个案例：

某公司新入职员工人数较多，人力资源部决定分两批对新入职员工举办开学典礼。小王刚入职不久，经理让他安排第一批新员工参加入职典礼。但因经验不足，小王在工作中出现了一些问题。事后，经理并没有责怪小王，而是让他用笔记本记录下第一批新入职员工在典礼中出现的工作纰漏，并让他明确写下工作改善流程。小王仔细回想后记录了一些问题：

第一，电脑忘插电源，导致工作进行中电脑电池几乎耗尽。

第二，事前忘记调试电脑音量，播放视频软件时音量过大。

第三，演讲者反映鼠标不好用。

第四，没有准备无线麦克风为演讲者向听众提问做准备。

试问：经理是如何对小王进行在职指导的？如果换作是你，你会如何做？你觉得经理运用了哪些 OJT 法？

通过这个案例，我们发现经理综合采用了 OJT 辅导员工的方法，有授权、自我评估、工作标准化、与下属共同解决问题等一系列在职指导的方法。

在众多员工辅导的方式当中，我们如何甄选一种比较适合的方式或方法呢？在员工辅导中有个模型，这个模型又叫 3E 模型（见图 3-2）：

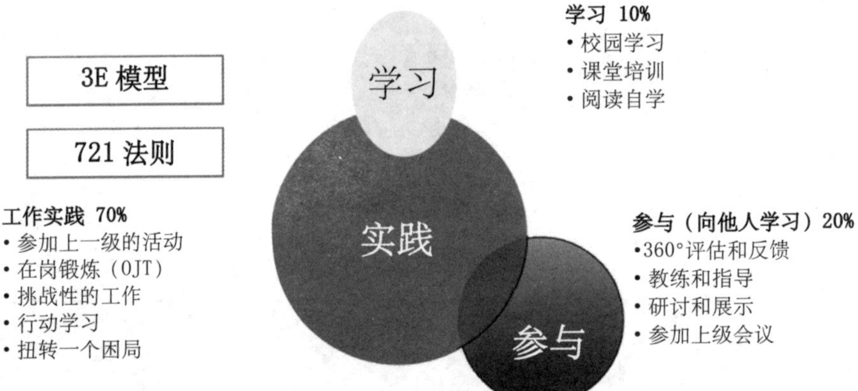

图 3-2 3E 模型

1. 工作实践 70%

（1）参加上一级的活动

（2）在岗锻炼（OJT）

（3）挑战性的工作

（4）行动学习

（5）扭转一个困局

2. 参与（向他人学习） 20%

（1）360° 评估和反馈

（2）教练和指导

（3）研讨和展示

（4）参加上级会议

3. 学习 10%

（1）校园学习

（2）课堂培训

（3）阅读自学

员工的提升，70% 来自“工作中学习”，20% 来自“向他人学习”，10% 来自“正式的培训”。

日复一日的工作单调枯燥，但是在重复中发现规律和美，总结、提炼、思考、吸取经验教训，是非常好的训练方式。工作场，就是最真实的练兵场。每日复盘，周报，都是在工作中不断提高。向他人学习，听分享，学经验，不仅仅站在巨人的肩膀上，也可以借助身边同事朋友的大脑。而正式的培训，是前两者无法替代的，参加正式正规的培训，为自己和公司的长期利益着想，是实现自我提升最后的 10%。“721 法则”在员工培训中，扮演着全面和重要的角色。从 2012 年起，华为开始采用“721”法则来培训新员工。华为的“721”法则，即 70% 的能力提升来自实践，20% 来自导师的帮助，10% 来自课堂的学习。

在所有的辅导方式中，它们的效果又有什么样的差异呢？我们来看一下辅导方式效果分析图 3-3：

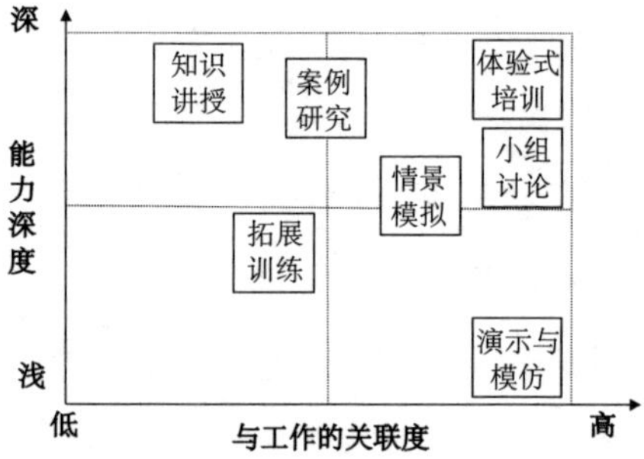

图 3-3 辅导方式效果分析图

从图 3-3 分析发现：

（1）能力深度深且与工作相关度高的辅导方式：体验式培训、小组讨论、案例研究和情景模拟。

（2）能力深度深但与工作相关度低的辅导方式：知识讲授。

（3）能力深度浅但与工作相关度高的辅导方式：演示与模仿。

（4）能力深度浅且与工作相关度低的辅导方式：拓展训练。

在员工辅导中，辅导方式与学习的类型要相互匹配。在实践中，辅导方式与学习类型的匹配关系如表 3-7 所示：

表 3-7 辅导方式与学习类型的匹配关系

辅导方式	内容				目的		
	知识	技能	思维	观念	记忆	理解	行为
课堂讲授	◎				◎	◎	
讲座	◎				◎	◎	
导师指导		◎					◎
角色扮演		◎					◎
案例研究	◎	◎	◎		◎	◎	◎
头脑风暴			◎			◎	
模拟训练		◎					◎
电子化培训	◎	◎		◎	◎	◎	◎
模拟现实培训		◎				◎	

第四项修炼 引爆激情的激励者——激发动力，点燃激情

激励人才是领导者必备的能力。必须学会如何激励别人，才能发挥领导作用。

——彼得·德鲁克

THE FOURTH PRACTICE

激励的概念与原理

所谓激励就是让其他人做你想要他们做的事的过程，就是调动其积极性。激励的本质是双赢，就像拍皮球一样。你给皮球一个“作用力”，那么皮球就会跳得更高，给你一个更大的“反作用力”。只有实现激励的主体（企业管理者）和激励的对象的双赢，这种激励才是有效的。

激励在管理学的一般教科书中，通常是和动机连在一起的。美国管理学家罗宾斯把动机定义为个体通过高水平的努力而实现组织目标的愿望，而这种努力又能满足个体的某些需要。无论是激励还是动机，都包括三个要素：努力、组织目标和需要。一般而言，动机是指诱发、活跃、推动并引导行为指向一定目标的心理过程。激励是指影响人们的内在需求或动机，从而加强、引导和维持行为的活动或过程。行为是对某种需求的追求。

激励是组织中的人的行为的动力，而行为是人实现个人目标和组织目标相一致的过程。

我们看一个案例：

有一对很老的夫妇，他们决定不再做任何工作而去享受生活。为了享受生活，安度晚年，他们决定选一个他们梦寐以求的地方居住。两位老人就在城市里面找，终于找到一个非常好的地方，房子很漂亮，也很安静，打开房门，外面就是社区最大的一片草地，房子的窗户面对的是社区里最漂亮的一棵大树。两位老人拿出所有的储蓄，把这个房子买了下来。可是等他们搬进去住的时候才发现买错了。为什么买错了呢？因为这块草地和这棵树是这个社区唯一可以让孩子们娱乐的地方，每天都有很多小朋友聚在这里玩耍，非常嘈杂，每天都是吵吵闹闹、喧喧嚷嚷。两个人就难过了，因为他们需要一个安静的地方，显然这里不是他们想要的地方。两位老人该如何办？

我们看老人怎么做。

小孩子来了之后他们就把房门打开走出来，对所有的小孩子说："孩子们，你们太好了，你们给我带来了很多欢乐，我必须有所表示，我决定给每人一块钱来表达我的谢意！"拿到一元钱后，小孩子们很高兴，第二天就来了更多的小孩。老人又走到小孩子当中说："我实在是太老了，我很想跟你们在一起，你们给我的欢乐太多了，我应该有所表示，但是我的钱不多了，我只能给每人一毛钱。"这个时候昨天拿到一元钱的小孩就火了，昨天的快乐值一元钱，今天的快乐值一毛钱，这些孩子们认为不公平，决定不来了。还有一半人觉得一毛钱也不错，第三天还来。老人又走到大家面前说："我真的是太穷了，我只能给你们每人一分钱。"这一下，小孩子全都生气了，因为实在是太不公平了，快乐才值一分钱，他们都决定离开。老人的目的达到了。

这就是激励，激励就是让人们自己做出选择并愿意付出。本来到这块草地来玩是这些小孩的娱乐，其实是他们自己的事情。但是老人成功地把小孩子的娱乐变成工作，因为他付费给孩子们，付费让娱乐变成工作。一旦变成工作了就会讲报酬，报酬就要讲合理性，当报酬越来越低的时候，人们会觉得不公平，就会做出选择。所以，激励行为的明显特征是以目标为导向，而不是一种条件反射。组织中的激励是指管理者运用某种方法和途径，使得组织成员或群体为完成组织目标而积极行动、努力工作。

就管理者而言，激励表现为一种由管理者所实施的，意在引发、维持和促进人们进行组织所预期的行为的管理活动过程。

人们选择并加入某个企业，在企业中被置于一定的岗位，为履行组织任务、实现组织目标而工作。这一过程之所以能实现，是因为从个人看，该组织具有满足他特定需要的现实功能；从组织来看，则确认个人能够胜任组织任务，而且组织也的确能够通过组织目标的实现，满足其个人要求。个人通常希望组织能满足其更多的需求，而组织则常常要求组织成员付出更多努力。只有这两方面结合起来，才有可能有效地实现组织目标。因此，激励的目的在于从既定的组织目标出发，寻求组织与个人在目标、行为上的内在一致性，从而达到两者之间在行为及其效果上的良性循环。

激励的过程（见图 4-1）：

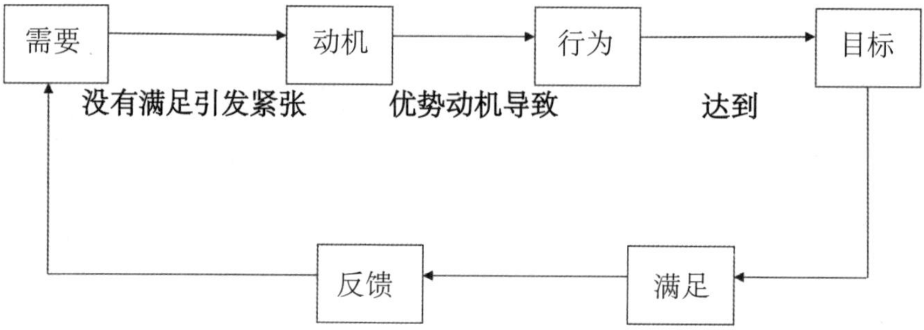

图 4-1　激励过程示意图

激励过程是个体在内在条件（需要）和外在条件（诱因）的共同作用下，产生强烈的动机，进一步决定行为的过程。

需要：需要是指客观的刺激作用于人们的大脑所引起的个体缺乏某种东西的状态。

动机：动机原意是引起动作（见图 4-2）。心理学上把引起个人行为、维持该行为并将此行为导向满足某种需要的欲望、愿望、信念等心理因素叫动机。

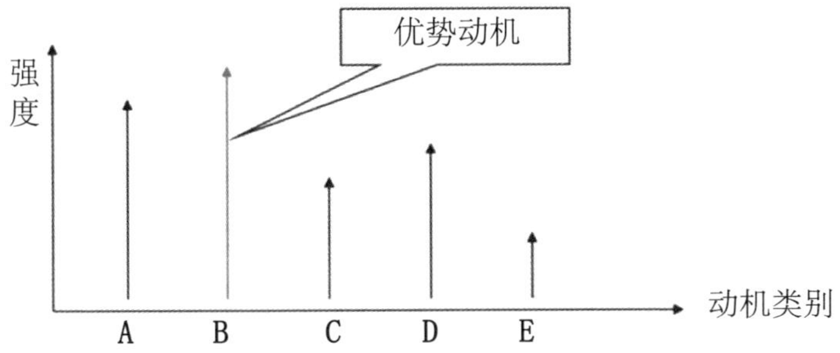

图 4-2　动机结构与强度示意图

动机有以下特征：

（1）同一动机可以引起多种行为。

（2）同一行为可出自不同动机。

（3）一种行为可能同时为多种动机所推动。

（4）合理的动机可能引起不合理的甚至错误的行为。

（5）错误的动机有时外表被积极的行为所掩盖。

行为：行为是人类有意识的活动，既是人的有机体对外界刺激做出的反应，又是人通过一连串动作实现其预定目标的过程。

需要、动机、行为之间的关系：需要引起动机，动机支配行为，行为指向目标。当优势动机引发的行为后果达到目标时，紧张的心态就会消除，需要得到满足。一个需要满足了，就又会有新的需要产生。这样周而复始地发展下去，从而推动人去从事各种各样的活动，达到一个又一个目标。

激励不等于奖励

激励不等于奖励，也不等于操纵与忽悠。那么这几个概念各有什么区别呢?

1. 激励与奖励的区别

（1）内容不同

激励包含奖励，但是奖励不包含激励。激励不但包括物质、现金，也包含非物质激励，如晋升、培训、授权、表扬等;激励的范围远远大于奖励。

（2）对象不同

奖励的对象是结果，而激励的对象是行为。比如公司的奖金发放是一种奖励，针对的是结果，必须达到目标才能去发放。而激励的对象不是结果，而是行为。只要员工的行为是我们认可的，即使最终没有达到我们所要求的结果，可以表扬、认可，但不能发放奖金或奖品。

（3）对立面不同

激励不但包含正激励（如表扬、晋升、发放奖金等），也包含负激励（如批评、降级、降职等）。而奖励一般是正面的。

（4）时机不同

奖励是对员工过去行为的一种回馈；而激励主要是针对员工的现在和未来，提高现在和将来工作的积极性。

2. 激励不等于操纵

激励的本质是双赢，也就是说，只有实现激励的主体（企业管理者）

和激励对象（员工）的双赢，这种激励才是最有效的。

另外，我们还须弄清楚，激励与操作的区别（见图 4-3）。

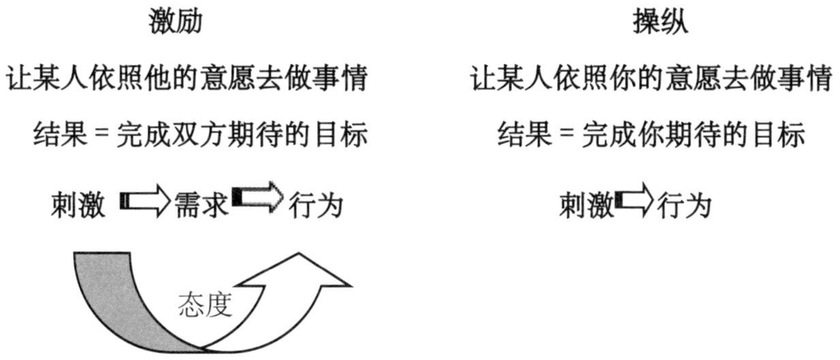

图 4–3　激励与操作的区别

3. 激励不等于忽悠

所谓的激励是能够兑现的，而忽悠是不能兑现的。激励是不但我相信，而且也让你相信；忽悠是我自己不信但是我让你相信。所以，管理者只能忽悠员工一次，绝不能忽悠第二次。但是激励可以多次使用。

金钱激励的误区

给员工发钱是最直接、最直观、最方便的激励手段，但是人们工作中习以为常的事情往往是最大的陷阱。金钱激励不但常常失效，而且金钱激励的迷信和依赖会导致管理者领导力的降低，因为单纯的金钱激励存在巨大的陷阱。

给员工发钱无疑是众多领导者习惯性的激励方法，很多领导者甚至将金钱激励误解为激励的全部。但是人们工作中习以为常的事情往往是最大的陷阱。众多的研究与经营实践表明，金钱激励往往只是一个“保健因素”，不能给员工带来满足感，只能带来快感，而快感维持的时间是比较短暂的。金钱激励通常会存在以下五个方面的弊端与陷阱：

1. 金钱激励是最不用心的方法

月底、季度末、年终总结的时候，你打算用什么方法对你的下属表达你的欣赏、你的期望呢？只会发奖金的领导往往是最懒的、也是最无能的、对事业最不投入的领导。花钱去激励员工，谁都会；但是不用钱，如何激励员工，却不是每个管理者都能做到的。管理者在激励员工的时候，一定要考虑：如果一分钱没有我如何去激励我的下属？如果管理者能够做到这一点，相信这样的管理者也是上级所欣赏的管理者。

2008 年 5 月 12 日，四川汶川县发生了 7.2 级大地震，解放军战士从废墟里面抢救出很多伤员，这些伤员都被送往附近的各家医院。有 50 多名伤员被送入了四川绵阳中医院，这家医院的手术室的护士长是黄琼。手术室仅有十多名护士，这十多名护士不但要配合医生去做手术，还要在术后精心护理这些没有任何亲人的伤员。面对如此艰巨的任务，如何激励这些年轻的护士们加班、加点、不怕脏、不怕累地去护理这些伤员呢？黄琼护士长可不可以这样说："姐妹们，虽然这几天脏点、累点，这个月的奖金我向主任申请一下，多给大家发 2000 元。"

这样激励可不可以呢？不是不可以，但是只要提到钱就是一种交易，只要是交易就会存在是否公平的问题。或许有些护士会说：这么脏、这么累，给 2000 元奖金太少了。有的护士会这么想：这 2000 元奖金我不挣，这个班我也不加。但是，黄琼护士长一分钱也没有提，她是这么激励护士们的。她动情地对护士们这样说："姐妹们，我们不能让解放军千辛万苦抢救出来的生命毁在咱们的手中。"黄琼护士长这么一说，全部的护士都受到了激励。

黄护士长靠的不是金钱激励，而是一种使命激励。所以，金钱激励最没有感情、最不用心。但是有人说，难道不用钱就可以了吗？我们不否定金钱的作用，也不提倡用非物质的激励方式去激励员工，我们所提倡的是不能仅仅用钱去激励员工。我们不能不谈钱，但是也不能只会谈钱。

"没有利益的追求是空洞的，没有追求的利益是乏力的。"作为管理者既要会谈钱，也要会谈追求。

一等领导给员工梦，二等领导给员工情，三等领导只会给员工金。

（1）三等领导授人以金

这是员工激励最低层次，"金"顾名思义就是物质层面，许多企业的管理者甚至是经营者，在遇到员工需要激励的时候，首先想到要"加工资""涨奖金"，除了物质激励就想不到其他的办法了。实际上虽然现在的人越来越现实，但除了物质之外还是有很多方法可以用于员工激励的，员工也是除了物质还有很多层面的需求，比如技能的提升、知识的学习、职务的晋升、福利的改善等。

（2）二等领导授人以情

这个层面明显要比只用物质激励更高明，所谓“情”自然是情感，人在社会上生活是离不开情感的，与亲属相处是亲情，与朋友相处是友情，与学友相处是同学情，在单位里与人相处是同事情……每天我们处理各种事情更多的是靠情感。所以管理者要学会用情感给员工带来激励，比如很多企业给员工过生日买蛋糕，给员工父母邮寄土特产，请员工父母旅游聚餐，给员工父母发放孝金等，都是用“情”在激励员工，收到的效果与只用物质激励简直是不可相提并论。

（3）一等领导授人以梦

这是企业最高阶段的员工激励，“梦想”是每个人都有的，人从小到大在不同的阶段有不同的梦想，小时候可能是一个喜欢的玩具或一条漂亮的裙子，长大些可能是上一个好一点儿的高中或梦想的大学，毕业了可能是一辆单车或约会一位心仪的女孩，在人生的每个阶段都在追逐着不同的梦想。进入企业的员工，也有很多梦想想实现，除了物质期望的满足，还有获得一个好职位，甚或是做一个部门领导……

2. 金钱激励是成本最高的方法

单纯使用金钱激励对公司来说是成本最高的激励方法，而对员工来说，却没有任何额外的意义。

我国在元朝期间是世界历史上疆土最大的国家，军队也是最有战斗力的，为什么很快就灭亡了呢？

很重要的原因就是财政困顿。为什么国家会陷入财政困顿呢？因为元朝的皇帝封赏无度。元朝的皇帝在上台以后，为了奖励功臣和安抚反对派的人士，多会进行封赏。但是，皇帝的封赏手段又非常单一，要么封官，要么给钱。经常是承诺了大量的封赏，但封赏到一半时，却发现国库已经全部都空了。结果当然是加重赋税，甚至会乱发货币。当黄河发大水的时候，人民更加不堪重负，起义就成了必然的结果。

行业形势好的时候，钱来得容易，发起来领导脸上很有“面子”，结果封赏无度。当经济寒冬到来的时候，却发现现金流短缺。如果这个时候还是只会使用单一的金钱作为激励手段的话，那就等于自杀了！

衡量一个领导能力高低的重要标志，就是看在使用尽量少的金钱的情况下，谁能更有效地激励团队。

3. 过度的金钱激励腐蚀团队的斗志，错误引导团队的注意力

我们再回到本章的第一个案例“老人与孩子”的案例。本来踢球是孩子为了自身的快乐而去行动，但是老人采用的是金钱刺激的方式，而且金钱的额度也越来越小，就错误地引导了孩子的注意力，不再关注自己是否快乐，而去考虑是否公平，最终不愿意为了低廉的报酬而去踢球了。

创办于1895年，曾经是世界上排名前三的通信设备公司——北电网络，在2000年，其收入达到303亿美元，那时的北电控制了全球光纤设备市场的43%，几乎是市场份额仅为15%的第二名朗讯的3倍，其技术和产品服务于150多个国家和地区。而在2009年1月14日，北电网络以及旗下子公司同时在美国和加拿大申请破产保护。

为何曾经耀眼的明星，后来却破产了呢？这其中有一个重要的原因，就是北电人致富的速度太快了。只用了几年的时间，就从一个穷小子变成了亿万富翁，这些人一下子失去了疯狂工作的动力，个人的梦想实现了，却没有一个更大更高的梦想去追求，这样的团队，无论什么样的精英也是注定要破产的。

其实，只要梦想是个人致富的人，无论有什么样的才能，都不会成长为一个真正的领导者。如果我们无法期待每个人都成为领导者，那么也至少不要一味地把团队的注意力都集中在如何快速挣钱上来。这样的团队要

么贪婪，要么恐惧。其实，我们每个人仔细想想，我们自己工作最有干劲、最少抱怨、最全力以赴的时候，难道是工资、奖金最高的时候吗？整个人类发展史，整个商业史，就是一群又一群非常贫穷，但是却怀揣梦想、行动迅速、精诚团结的人，打败那些拥有既得利益的“富人”的历史。在这个过程中，金钱只是一个梦想实现的附属物，是一个最终慢慢实现的过程。致富得太慢不行，太快更不行。而领导者的重要作用，就是要带领大家一直“在路上”。高明的管理者一定要让员工一直走在致富的路上，但是不能轻易地致富。只有保持在路上的状态，一个团队才会有持久的战斗力，才会不断进步，才能度过一个又一个非常时期。

古语说得好“升米养恩，斗米养仇”，其实管理者过多的给予也是一种伤害。

从前，有两户人家是邻居，平时关系还不错。其中一家人因为能干些，家中要富裕得多。这两家本来没有什么恩怨的，可是，这一年，老天爷降下了灾祸，田中颗粒无收。这穷的一家没有了收成，只好躺着等死。这个时候，富的一家买到了很多粮食，想着大家都是邻居，就给穷的一家送去了一升米，救了急。这穷的一家非常感激富人，认为这真是救命的恩人呀！熬过最艰苦的时刻后，穷人就去感谢富人。

说话间，谈起次年的种子还没有着落，富的一家慷慨地说：“这样吧，我这里的粮食还有很多，你就再拿去一斗吧。”这穷的千恩万谢地拿着一斗米回家了。回家后，他的兄弟说了，这斗米能做什么？除了吃以外，根本就不够我们来年地里的种子，这个富人太过分了，既然你这么有钱，就应该多送我们一些粮食和钱，才给这么一点儿，真是坏得很。这话传到了富人耳朵里，他很生气，心想，我白白送你这么多的粮食，你不仅不感谢我，还把我当仇人一样忌恨，真是可恶。于是，本来关系不错的两家人，从此就成了仇人，老死不相往来。

当一个人快被饿死的时候，你给他一升米，他会把你当作恩人；可你要给了他一斗米，他可能会想，既然你出得起一斗米，就能给我更多，你竟然不给我，你就成为他的仇人了。就好比接受救济的人，习惯了之后往往认为救济是理所当然的事情，自然不会考虑自己去干点儿什么，靠自身的劳动来获得食物。如果你不再救济他了，他就会对你记仇。

这是因为，对方把原本你爱心资助的东西当成了理所当然的事情。这就是升米恩，斗米仇。同样的道理，如果一味地给员工发高工资、高福利，就会让员工有一种“不劳而获”的感觉，不但不会感激领导、感恩公司，反而会产生一种抱怨和愤恨。

4. 金钱只是交易，没有激励

金钱不能成为员工与公司交易的标的物。如果把钱作为交易手段，就根本谈不上激励的问题。你给多少钱，我就干多少活儿，干少了我对不起你，干多了我就吃亏了，你不给钱，我干脆就不干。既然你给了钱，我干了活儿，那么，我们就互不相欠。你给钱在下属看来是你应该支付的，是下属干了活你该支付人家的。这种关系除了金钱关系外，没有任何情感关系、团队协作关系，当有一天你不能支付足够的钱的时候，意味着关系的破裂。

5. 金钱不是报酬的全部

薪酬不等于报酬。广义上讲，报酬分为经济类报酬和非经济类报酬两种（见图 4-4）。经济类报酬是指员工的工资、津贴、奖金等，非经济类报酬是指员工获得的成就感、满足感或良好的工作气氛等。我们所使用的是报酬的狭义概念，仅指经济类报酬，也叫薪酬。

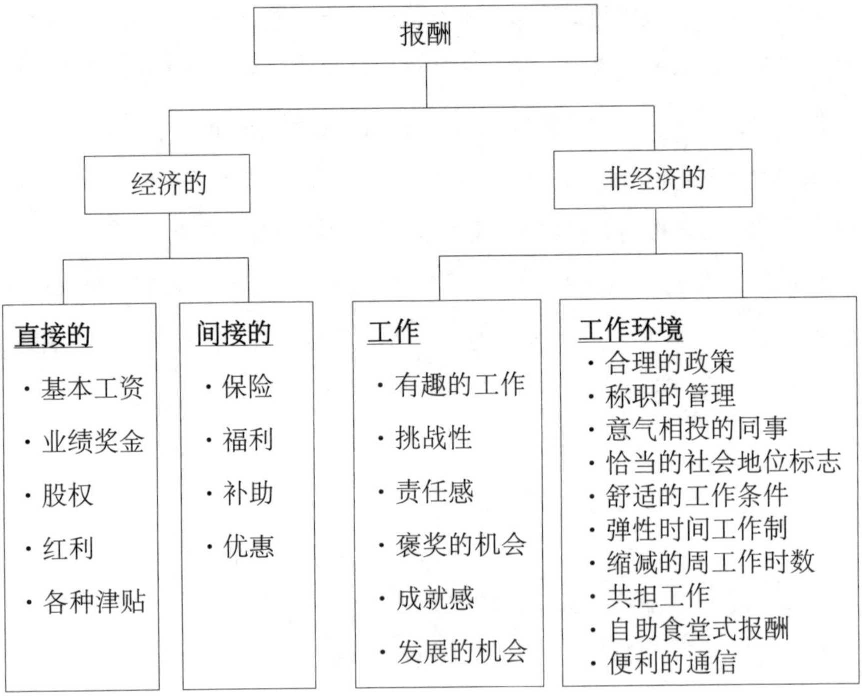

图 4–4　报酬的分类

那么金钱、氛围和文化与员工的期望值之间有什么样的关系呢？我们可以通过下面的曲线看一下（见图 4-5）：

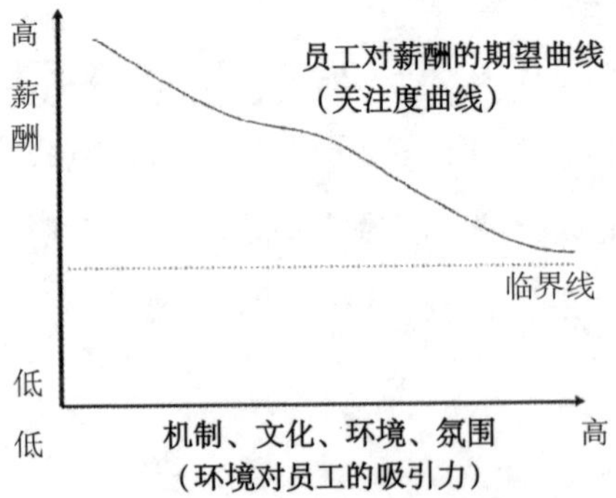

图 4–5　薪酬和企业氛围、机制的关系图

通过“薪酬与企业氛围、机制的关系图”可以发现，在薪酬水平超过一定的临界值的时候，随着机制、文化、环境和氛围对员工的吸引力越高，员工对薪酬的期望值会越低；相反，随着机制、文化、环境和氛围对员工的吸引力越低，员工对薪酬的期望值会越高。这就说明为什么有些企业比竞争对手的薪酬高，却留不住人；有的企业比竞争对手的薪酬低，却能吸引和留住员工。

从账户的概念，我们也可以获得解释。在员工心目当中有三个账户（见图 4-6），分别是情感账户、发展账户和经济账户。情感账户指的是企业和管理者对员工的关心与关怀；发展账户指的是员工的晋升通道；经济账户指的是企业对员工提供的薪酬。那么，决定能否吸引、激励和留住员工的是哪个账户呢？是总账户，也就是三个账户的额度之和。在员工期望的账户额度一定的情况下，三个账户的额度是此消彼长的关系。举例：员工期望的总账户额度是 10000 元，情感账户额度是 2000 元，发展账户是 1000 元，经济账户是 7000 元；如果我们提高了情感账户或者发展账户的额度，就会降低经济账户的额度。比如把情感账户额度提高到 2500 元，发展账户额度提高到 1500 元，那么经济账户的额度就会降到 6000 元。

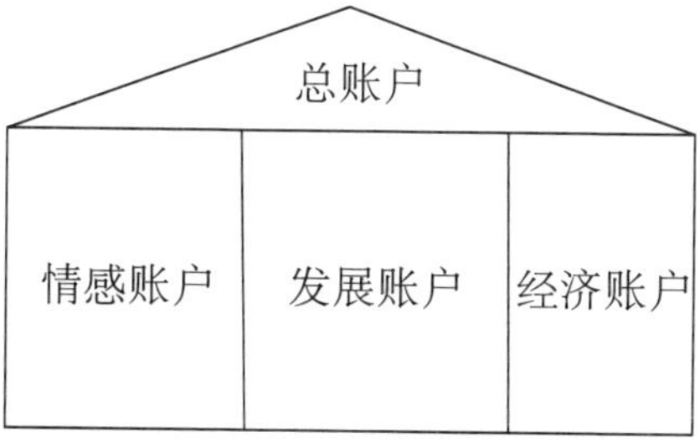

图 4-6　员工账户组成

在管理学上有一个“雷尼尔现象”。雷尼尔效应来源于美国西雅图华盛顿大学的一次风波。校方曾经选择了一处地点，准备在那里修建一座体育馆。消息一传出，立即遭到了教授们的强烈反对。教授们之所以抵制校方的计划，是因为这个拟建的体育馆选定的位置在校园内的华盛顿湖畔。一旦场馆建成，就会挡住了从教职工餐厅可以欣赏到的窗外美丽的湖光山色。原来，与当时美国的平均工资水平相比，华盛顿大学教授们的工资要低 20% 左右。为何华盛顿大学的教授们在没有流动障碍的前提下自愿接受较低的工资呢？很多教授之所以接受华盛顿大学较低的工资，完全是出于留恋西雅图的湖光山色。西雅图位于北太平洋东岸，华盛顿湖等大大小小的水域星罗棋布，天气晴朗时可以看到美洲最高的雪山之一——雷尼尔山峰，开车出去还可以看到一息尚存的圣海伦火山。因为在华盛顿大学教书可以享受到这些湖光山色，所以很多教授们愿意牺牲获取更高收入的机会。他们的这种偏好，被华盛顿大学的经济学教授们戏称为“雷尼尔效应”。

因此可以说明，华盛顿大学的教授的工资，80% 是以货币形式支付的，20% 是由美好的环境来支付的。我们可否利用“雷尼尔效应”呢？美丽的西雅图风光可以留住和吸引华盛顿大学的教授们，同样的道理，企业也可以用“美丽的风光”来吸引和留住人才。当然，这里的“美丽的风光”是指一个良好的工作环境和企业文化氛围。它作为一种重要的无形财富，起到了吸引和留住人才的作用。

人人都可以被激励

激励太少会令人感到很不舒服。我们看一个经典的实验：大学生在低激励环境中工作的实验。

在贝克斯顿(Bexton)、赫伦(Heron)和斯科特(Scott)的一项研究中，大学生被安排在一种低激励的环境中工作，日工资为20美元。研究者要求大学生能工作多少天就工作多少天。大学生在一间点着灯的、较为安静的房间里，睡在一张简易床上。他们戴上半透明的防目镜、手套，袖口是硬纸的，以最大限度地降低触觉刺激。一台空调发出的声音覆盖了其他声音，学生把头靠在一个U型的枕头上。过了一段时间（通常这段时间他们都是在睡觉），大学生发现这种环境无法忍受，要求退出实验。极少有学生能忍耐两天的时间，尽管付给他们的工资其实相当高。

其他研究也报告了类似的结果，指出在这种环境下，人们似乎会产生一种对刺激和行为的渴望，这种感觉类似于触摸并拢的手指和抽搐的肌肉。所以，从这个实验，我们发现渴望激励是人与生俱来的本能。

但是，很多管理者不能有效地激励员工，反而会挫伤员工的工作积极性。“你可以买到一个人的时间，你可以雇一个人到固定的工作岗位，你可以买到按时或按日计算的技术操作，但你买不到热情，你买不到创造性，你买不到全身心的投入，你不得不设法争取这些。”

美国希洛塔咨询公司(Sirota Consulting)曾经针对28家公司的92万名员工做过一项调查，以探求员工士气和公司业绩之间的关系。调查显示，员工“士气较高”的 14 家公司 2013 年的公司股价平均上涨 16%；6 家“士气不振”的公司股价平均只增长 3%。

员工能够被激励，在很大程度上影响了员工的工作绩效。很多理论家都提到，下面的等式可以很好地表示能力和激励与绩效的关系：

绩效 =f(能力 × 激励)

从这个公式中我们发现，在能力一定的情况下，员工的激励在很大程度上影响了员工的绩效。我们发现相同的轨道，为何动车组比普通车跑得要快呢？关键在于动力不同。普通火车由单个火机头拖动，相当于 1 个动力车 18 个拖车，而动车组则是多个动力拖车拖动，如 CRH2、CRH3 型是 4 动 4 拖，CRH1、CRH5 是 5 动 3 拖。所以，“火车跑得快全靠车头带”的时代已经过去了，“火车跑得快大家都要快”的时代已经开启了。所以，你会发现为什么很多团队领导者累死累活，团队业绩却不好，因为很多团队是“普通车”，仅有团队领导用力牵引整个团队，其他团队成员没有被激励起来，成为坐车的，不但自己不用力，还坐在车上给领导喊：“领导加油呀！领导真棒！领导再快点！”在组织中，只有盘活人力资源，只有激发出员工的动力，组织的绩效才能不断提升。

很多管理者累死累活也不懂这个道理。我们看一下这个案例：

有一个员工出色地完成了任务，非常高兴地对主管说：“我有一个好消息，我跟了两个月的那个客户今天终于同意签约了，而且订单金额会比我们预期的多 20%，这将是我们这个季度价值最大的订单。”但是这位主管对那个员工出色业绩的反应却很冷淡：“是吗？你今天上班怎么迟到了？”员工说：“路上堵车了。”此时主管严厉地说：“迟到还找理由？都像你这样公司的业务还怎么做！”员工垂头丧气地回答：“那我今后注意。”一脸沮丧的员工有气无力地离开了主管的办公室。

通过上面的例子可以看出，该员工在寻求主管激励时，主管不仅没有任何表扬，反而只因偶尔迟到之事，就主观、武断地严加训斥这个本该受到表扬的员工。结果致使这个员工的积极情绪受到了很大的挫伤，没有获得肯定和认可的心理需求满足。实际上，管理人员进行激励并非一件难事。对员工进行话语的认可，或通过表情的传递都可以满足员工被重视、被认可的需求，从而收到激励的效果。

人人都渴望被激励，人人都可以被激励。关键是管理者要找到员工的需求。有两种人不能被激励。一种是没有欲望的人，俗话说“无欲则刚”。第二种就是“欲壑难填”的人，你永远满足不了他。我想我们的员工绝对不属于这两种人。那为何我们却激励不了员工呢？需要没有找到。

有个故事，说的是孔子有一天得到了一个稀世宝珠，宝珠上有一个九道弯的孔。孔子想给宝珠穿上线，可一次都没有成功。他想，像这样的事情妇道人家可能会有办法，于是便去问一个在附近采桑的妇女。那妇女却要他好好想想，对他说“密尔思之，思之密尔”。孔子想了又想，终于明白了那妇女的意思，回头捉了只蚂蚁，在蚂蚁的细腰上系上细细的丝线，把蚂蚁放进宝珠孔的一头，在另一头抹上蜂蜜，引逗蚂蚁。果然，蚂蚁带着丝线从珠孔的这头爬到了另一头，就这样把线顺利穿好了。从这个故事中，我们有什么发现呢？蚂蚁在没有“蜂蜜”诱导的情况下，不会无缘无故去穿宝珠孔的。是什么激发了蚂蚁的动力？是“蜂蜜”。所以要想激励员工，必须找到员工的“甜点”在哪里！要想方设法往员工的“甜点”上抹蜜。

在课程中，我曾经问学员这么一个问题：假如有两个小姑娘都喜欢吃橘子，可是我手里只有一个橘子，她们两个人都同时在抢这个橘子，请问如何分这个橘子呢？在课程当中，学员的回答是五花八门。有的学员说，可以一人一半；有人说可以榨成橘子汁；还有人说自己一个人吃了……其实，我们从来没有考虑过她们两个人的需求。其中一个小姑娘，她想做小橘灯；另一个小姑娘，她喜欢吃橘子。其实把橘子剥开，橘子皮给需要做小橘灯的小姑娘，橘子肉给喜欢吃橘子的小姑娘就可以了。但是，很多管理者从来没有问过员工的需求，直接把橘子一刀两半分开。没有需求，就没有激励。找到需求，人人都可以被激励。

激励的源泉是需求

1. 不要猜测员工需求

天降大雪，一秀才诗兴大发，吟了一句：“大雪纷纷落地。”一官人听到秀才的诗句，随即道了一句：“全是皇家瑞气。”一财主路过不甘示弱，捋了捋胡子吟道“下它三年何妨”。这样三句被躲在一边冷得直打哆嗦的长工听见，于是大骂。从这个故事可以看出，不同的人成长经历不同、地位不同、教育背景不同，价值观也不同，需求也千差万别。管理者千万不要把自己认为的员工需求去想当然地认为是员工的实际需求，这两者存在着巨大的差异。只有管理者真正明白员工的需求，采取相应的措施，才能真正起到激励的作用（见表 4-1）。

表 4-1　员工需求比较表

上司认为下属最想获得的	下属最想获得的
• 好的薪水待遇	• 口头称赞
• 工作保障	• 对事情的参与感
• 升迁机会	• 主管体恤的态度
• 良好的工作条件	• 工作保障
• 有趣的工作内容	• 好的薪水待遇
• 管理层的支持	• 有趣的工作内容
• 完善的训练	• 升迁机会
• 口头称赞	• 管理层的支持
• 主管体恤的态度	• 良好的工作条件
• 对事情的参与感	• 完善的训练

海底捞的创始人张勇谈到海底捞的管理时，曾经感慨地说："我做了这么多，却败给了一个前台姑娘！"原来事情是这样的，张勇自述道：我曾经见过一个小伙子，干得可起劲了，干完自己的本职工作还跑到别处去帮忙，干完这个干那个。我说这是个好苗子啊，要提拔他。结果我们的杨总说，不用提，他已经辞职走了。为什么啊？真相是这样的：吧台那边的小姑娘已经明确告诉他了，"不要在这儿这么表现了，我已经有男朋友了。"原来他不是为了海底捞在奋斗，而是为了吧台的小姑娘在奋斗。你看，我想了那么多激励措施，做了那么多亲情化举动，还跟他们讲情怀和梦想。他们告诉我说他们也都听得懂啊，但事实的真相不是这样的。正如英国哲学家罗素在《中国人的性格》一文中所说："用自以为是的目光，看待别人的幸福，这是错误的。"管理者自以为不重要的东西，可能对员工而言是非常重要的。

2. 需求因人而异

不同的人有不同的需求。有人可能需要钱，有人可能需要亲情，有人需要权力，有人可能需要晋升……10 个人可能有 10 个不同的需求。我们看《西游记》，你发现师徒四个人就有四种不同的需求。唐僧的需求是普度众生，具有自我价值的实现需求；孙悟空的需求是战胜对手，获得别人对"齐天大圣"的尊重和认可，具有尊重需求；猪八戒的需求是安逸享受，具有生理需求；沙和尚的需求是按部就班，循规蹈矩，具有安全需求。

在企业中，常见的有三种不同类型的员工。

"喝粥"的员工。这种员工的需求在薪酬待遇、物质生活上，对这种员工你和他谈发展、使命，他感觉太远，不现实，无法激励他。这种类型的员工只能和他谈待遇。

"喝酒"的员工。这种员工的需求在感情上。在企业中存在这样的现象，感觉待遇与自己的期望值有距离，但是正是某人作为部门领导，感觉有情有义，所以才不会离职。所以，这种员工需要跟他谈情，你跟他谈钱，他认为伤感情。

“喝茶”的员工。这种员工的需求在发展上。这种员工就不能张口闭口跟他钱，如果老是谈钱，他感觉太俗，他认为跟着这样的领导干没有前途。所以这种员工只能跟他谈“前途”。

人的需求可能有千万种，按照美国人本主义心理学家马斯洛的理论，人的需求归纳为五种（见图 4-7）：

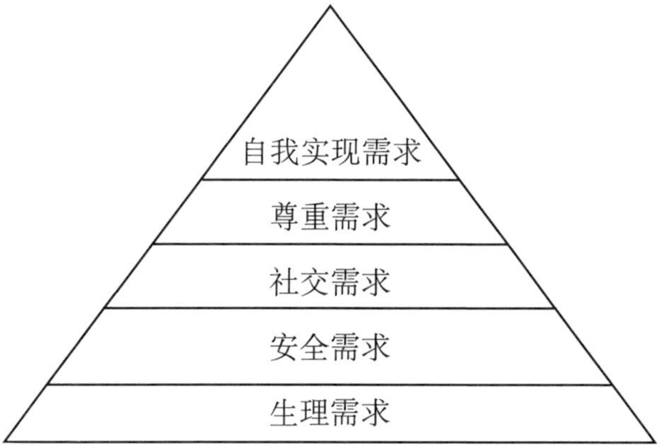

图 4–7　马斯洛需求理论

生理需求：是人类最底层、最基本的需求，包含水、食物、睡眠、性等内容，生理需求是推动人类生存的动力，只有生理需求得到满足，人们才会追求更高层次的需求。在企业中往往包含薪水、福利、良好的工作环境等。

安全需求：这个层次的需求是在满足生理需求的情况下，人们追求体制、法律、和平、医疗、教育等各方面的安全和社会保障，人们需要安全感。马斯洛认为，整个有机体是一个追求安全的机制，人的感受器官、效应器官、智能和其他能量主要是寻求安全的工具，甚至可以把科学和人生观都看成是满足安全需要的一部分。在企业中包含安全设备、劳动保护、医疗保险、退休福利等。

社交需求：也叫作归属与爱的需求，体现在个人渴望得到家庭、团体、朋友、同事的关怀、爱护、理解，融入大团体，和大家建立起良好的社交关系，得到团体的喜欢，也是对友情、信任、爱情的需要。在企业中包含正式和非正式群体、社交活动、联谊会、娱乐活动。

尊重需求：较高级别的需求，在满足前面几种基本需求后，人们开始追求关于个人的高级需求。分为内部尊重和外部尊重。内部尊重也就是自尊，希望自己有能力，在各个方面都可以做好，有自己的成就，实现自己的理想；外部尊重是追求外界的权力、地位，渴望得到他人对自己的认可。在企业中包含工作头衔和职位、社会荣誉、各种奖励等。

自我实现需求：最高级的需求，是指个体实现自己的理想抱负，实现自己的追求，成为伟大的或具有影响力的人物。马斯洛提出，为满足自我实现需要所选择的途径是因人而异的。自我实现的需要是在努力实现自己的潜力，使自己越来越成为自己所期望的人物。在企业中包含挑战性的工作、发展机会、上升的空间等。

以上就是马斯洛需求层次的理论内容，这五种需求像阶梯一样从低到高，按层次逐级递升，但这样的次序不是完全固定的，可以变化，也有种种例外情况；在某个阶段，不同时期，人们都有一个主要的需求；各层次的需求相互依赖和重叠，高层次的需求发展后，低层次的需求仍然存在，只是对行为影响的程度大大减小。

3. 需求因时而异

即使同一个人在不同的时期需求也不同。同一个孩子在不同的成长阶段其需求也会发生变化。儿童成长专家认为：孩子在 0 ~ 3 岁最需要的是安全感；3 ~ 6 岁最需要自我价值得到肯定和认可；6 ~ 12 岁最需要尊重、接纳和自由；12 ~ 16 岁最需要补充心理营养。所以，家长要想管出一个好孩子，必须尊重孩子成长的规律，满足不同时期孩子的不同需求，因势利导，才能有利于孩子的成长。同样的道理，一个员工来到公司，随着员工在公司内的成长，其需求也在发生着变化。刚到岗的新员工往往问老员工最多的问题，是在公司干一个月你能拿多少钱？有没有奖金？来了一年多的员工，你发现问老员工最多的问题，不是工资和奖金，而是问在哪个部门干什么时候能得到提拔。有心的管理者，就能在不断地与员工的接触中了解员工需求的变化，从而改变其相应的管理方式，不断满足员工成长的需求。

4. 需求因环境而异

在不同的环境下，人的需求也会发生不同的变化。比如在办公室里面，如果让你选择一杯水和一杯黄金，很多人毫不犹豫地会选择黄金；如果在沙漠上，三天没有得到水喝了，一杯水和一杯黄金，我相信几乎所有的人会毫不不犹豫地选择水。其实，并非在不同环境下这个人的想法发生变化了，而是需求满足的概率发生了变化。在办公室内，喝水已经满足了，当然需求在黄金上，说明当一个需要得到满足后，它的重要性就降低了，同时，这个问题也说明人只有在较低层次的需求得到满足时才会出现较高层次的需求。那么为什么在沙漠里，不再选择黄金，而选择水了呢？难道这个人不需要黄金了吗？并不是，黄金和水当然都是这个人需要的。原因在于这个人更低层次需要（饥渴）的满意度受到威胁的时候，其金钱激励才会停止对这个人发挥激励的作用。

通过以上的分析，我们结合《组织中的激励》（爱德华·劳勒三世）中的观点对人的需求做个归纳：

- **需要可以被看作人们追求的多种结果。**
- **人们的需要可以分为两个层次。最低层次是生存需求和安全需求。**

上面的层次是社交、尊重、自主和自我实现的需要。

- 只有当较低层次的需要得到满足时才会出现较高层次的需要。
- 除了自尊需要以外，所有的需要都是可以得到满足的，当需要得到满足后，它的重要性就降低了。
- 在某一时间，一个人可以受到多种需要的激励，并且直到该需要得到满足或者是更低层次需要的满意度受到威胁时，这种需要才会停止对这个人发挥激励作用。

用好六大激励理论

管理上有六大激励理论：管理人性论、ERG 成长理论、强化理论、双因素理论、期望理论和公平理论。这六大经典的激励理论解释了我们日常管理中激励员工的原理，对我们的日常管理工作具有较强的指导意义。

1. 管理人性论

该理论是由道格拉斯·麦格雷戈（Douglas M.McGregor）于 1957 年在他著的《企业的人性面》一书中首次提出来的，实质上是 XY 假设。

该理论把人做了两种对立的假设，分别称为X理论和Y理论（见表 4-2）：

表 4-2 管理人性论：X 理论和 Y 理论

X 理论的四种假设	Y 理论的四种假设
• 员工天生不喜欢工作，只要可能，他们就会逃避工作 • 由于员工不喜欢工作，因此必须采取强制措施或惩罚办法，迫使他们实现组织目标 • 员工只要有可能就会逃避责任，安于现状 • 大多数员工喜欢安逸，没有雄心壮志	• 员工视工作如休息、娱乐一般自然 • 如果员工对某些工作做出承诺，他们会进行自我指导和自我控制，以完成任务 • 一般而言，每个人不仅能够承担责任，而且会主动寻求承担责任 • 绝大多数人都具备做出正确决策的能力，而不仅仅领导者才具备这一能力

东方的人性的善与恶相类似。“人之初，性本善”，孟子主张人性本善，性善论与西方的 Y 理论相同。古代的荀子则相反，他主张人性本恶，性恶

论就是西方的X理论。

那么，我们不免有所疑惑，为何西方会存在X和Y的争论，东方会存在人性善与恶的较量，其在管理上的目的和意义在哪里？如果把人定义为X理论（人性恶）的话，我们的管理手段倾向于监督、考核、检查、处罚等严格控制手段；如果把人定义为Y理论（人性善）的话，我们的管理手段应倾向于激励、表扬、授权等宽松的激励手段。显然这两种管理手段是截然相反的管理手段，到底我们在管理上倾向于用X理论还是用Y理论呢？我一直强调管理没有模式，只有规律。所以，根据不同的行业性质、不同员工的素质、不同发展阶段等所使用的管理手段是不同的。

我们看两个不同企业的管理手段：一个是海尔，另一个是联想。

我们知道海尔的首席执行官张瑞敏先生在海尔发展初期采用了至今还发挥作用的OEC管理法，就是要求每个员工做到“日事日毕，日清日高”，其采用的管理理论基础是“斜球体理论”（见图4-8）。

斜坡球体“三种力”及OEC的内涵：

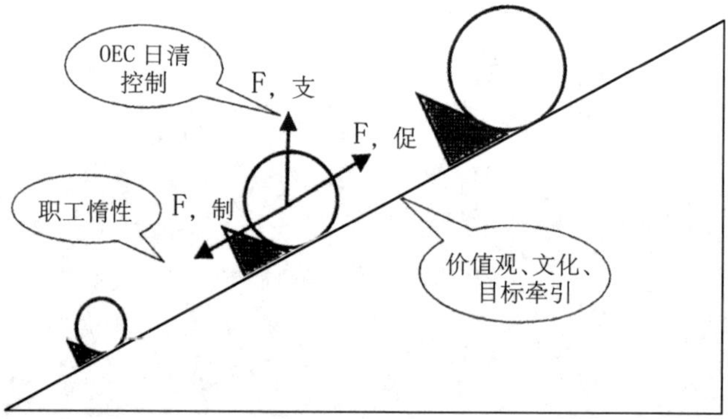

$$A=\frac{\Sigma F_{促}-\Sigma F_{制}}{M}$$

A：企业发展的加速度　　M：企业的规模

图4-8　斜坡球体示意图

资料来源：海尔集团

企业在市场上所处的位置，就如同斜坡上的一个球体，它受到来自市场竞争和内部员工情性而形成的压力，如果没有止动力，就会下滑，为使企业在斜坡（市场）上的位置保持不下滑，就需要强化内部基础管理这一止动力。通过这个理论，我们发现，当时海尔采用的更多是 X 理论。那么海尔为何当时倾向于用 X 理论来进行管理？1984 年的青岛电冰箱厂，也就是海尔的前身，只有 600 人，厂长已连走了三个，工厂负债也使其数月发不出工资，企业一片死寂。工厂臭气熏天，只有一条烂泥路，工人们上班打着瞌睡，想来就来、想走便走。张瑞敏上任的第一件事就是制定“不准在车间大小便”的规定；他怒砸 76 台问题冰箱只为保证产品质量。海尔当时的员工素质偏低，存在“三工并存”的现象。海尔的行业性质是制造业，要求高标准严要求，要求员工必须按照严格的规范进行操作和生产，不允许自作聪明地创新。在这种情况下，选择严格的监督、考核、处罚显然是比较适合的。

我们再看看另一个著名企业：联想。联想采用的管理方式与海尔截然相反，联想的老板柳传志有一个理论叫“发动机理论”。

柳传志这样描述联想的“发动机”文化：“在联想，只有大小发动机都倾力投入，企业才能发展得更好。只有企业发展好了，反过来才能为大小发动机创造更大的舞台。虽然，一个企业要能持续高速发展，发动机文化远不是充分必要条件，但三十几年来，联想就像一个奔日子的人：前面，永远有不断往高了跳的目标；脚下，正是大小发动机层出不穷，而且同步开足马力，才催生了无比澎湃的动力，推动我们勇往直前。”联想所倡导的发动机文化，就是把员工当成一台台有“内驱力”的发动机，不要外部的监督和检查，只要给他一个目标，一个“引擎”就可以了。显然，联想所采用的是 Y 理论。那么联想为何采用了与海尔不同的管理手段呢？因为行业性质不同，联想是 IT 行业，海尔是制造业；联想强调创新，海尔强调精益生产；员工素质也不同，海尔当初员工素质偏低，学历也不高，而联想的员工学历层次相对就比较高。

通过上面的案例，我们发现，至于是使用X理论还是Y理论务必因地制宜，不能照搬照抄，也没有什么对错之分。正如陈春花教授所说："管理没有对错，只有面对事实解决问题。"

虽然管理没有固定的模式，但是我们要遵循规律，如何使用X和Y理论，笔者经过多年的总结，有以下体会，供读者参考：

- **员工素质偏低多采用X理论，员工素质偏高多采用Y理论。**
- **企业属于制造业（强调标准化生产）多采用X理论，属于创新类型的企业多采用Y理论。**
- **管理层次越高，越倾向于Y理论；管理层次越低越倾向于X理论。**

需要澄清一点的是，在企业中并非所有的岗位都要采用一种相同的管理手段，也不是相同岗位的人都要采用一样的管理手段。

最后，有一个问题需要大家进一步探讨：人到底善还是恶？这个问题其实在管理学界争论到今天，也没有一个正确的答案。至于笔者，更倾向于"人的一面是天使，另一面是魔鬼"这个结论。这给我们管理的启发还有哪些呢？管理者在制定制度的时候，一定要把人当成"恶"的，制度一定要制定得严谨和规范，做到滴水不漏；但是，在执行制度的时候，要把人当成"善"的，如果员工犯错误，一定要把员工往好处想，员工犯错误不是故意的，一定有其他的原因。只有这样，我们的管理才能做到既有制度，又有人情。举个例子，员工上班迟到了。作为管理者在执行考勤制度的时候，不能把员工当成"恶"的，一定是他有意的，一定是来挑衅我的权威的，如果把员工往坏处想，管理者的手段就是以罚代管，一罚了事。在这个时候，管理者应该把员工往好处想，员工迟到一定不是有意的，可能是昨晚加班太晚，或者上班途中遇到突发事件，或者家里有什么变故等，这个时候就要去关心员工，帮助员工解决问题，员工感受到的是满满的“关怀”，管理者这就变得有人情味了。

2.ERG 成长理论

该理论是由美国耶鲁大学著名管理学家奥尔德弗提出来的。他进行了更接近实际经验的研究，提出了一种新的人本主义需要理论。奥尔德弗认为，人们共存在 3 种核心的需要，即生存 (Existence) 的需要、相互关系 (Relatedness) 的需要和成长发展 (Growth) 的需要，因而这一理论被称为 ERG 理论（见图 4-9）。

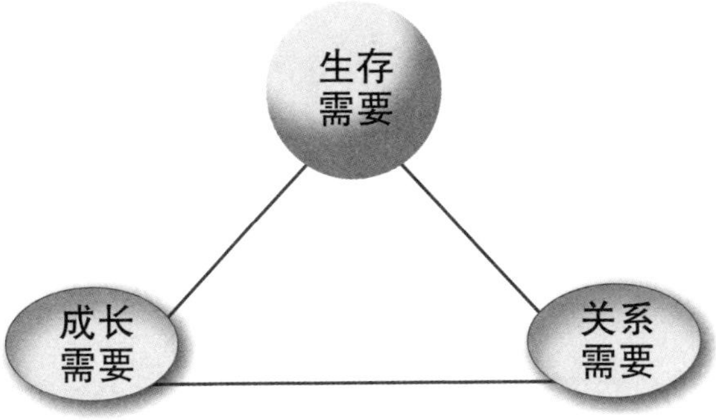

图 4-9　ERG 成长理论

（1）生存需要

生存的需要与人们基本的物质生存需要有关，即生理和安全需求（如衣、食、行等），关系到人的存在或生存，这实际上相当于马斯洛理论中的前两个需求。

（2）关系需要

指人们对于保持重要的人际关系的要求。这种社会和地位的需要的满足是在与其他需要相互作用中达成的，与马斯洛的社会需要和自尊需要分类中的外在部分是相对应的。

（3）成长需要

奥尔德弗把成长发展的需要独立出来，它表示个人谋求发展的内在愿望，包括马斯洛的自尊需要分类中的内在部分和自我实现层次中所包含的特征。即个人自我发展和自我完善的需求，这种需求通过创造性地发展个人的潜力和才能、完成挑战性的工作得到满足，这相当于马斯洛理论中第四、第五层次的需求。

马斯洛需求理论与 ERG 成长理论的对应关系如下（见图 4-10）：

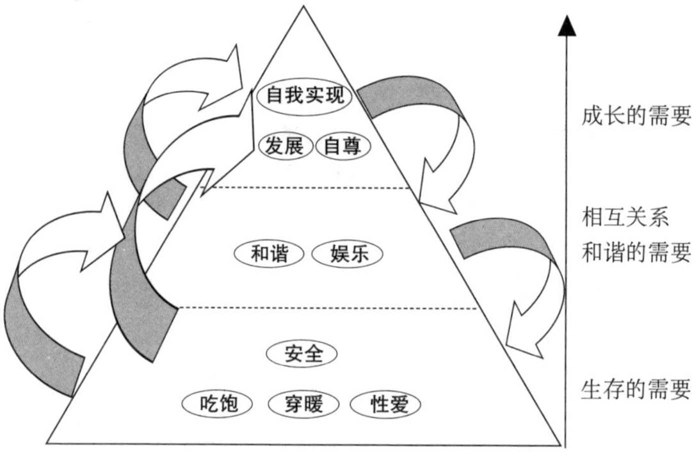

图 4-10 马斯洛需求理论与 ERG 成长理论的对应关系

ERG 成长理论的理论贡献有以下几个方面：

- **不强调需要层次的顺序。**
- **当较高级的需要受到挫折，未能得到满足时，会产生倒退现象。（受挫回归）**
- **较低层次的需要得到越多的满足，则该需要的重要性就越差，满足高层次需要的渴望就越大。（满足前进）**

◆ **各个层次的需要得到的满足越少，则满足这种需要的渴望就越大。（愿望加强）**

这个理论对我们管理者的启发：不要阻碍员工晋升的空间，不断满足员工的成长需要，否则员工会把需求放在生理需要和关系需要上。如果这样的话，那么组织就会丧失活力。太高的流失率对组织有破坏作用。相反，如果组织的流失率太低，那么对组织一样有破坏作用，说明组织内绝大部分的需求都放在生理需求和关系需求上，大家几乎都没有了成长需要。

2012 年 2 月，美的生活电器事业部已经将豆浆机、电水壶等业务分离出来，成立了单独的精品家电事业部，这也是继微波电器、环境电器之后，美的日电集团旗下的第六个事业部。我们看一下美的的组织架构（见图 4-11）：

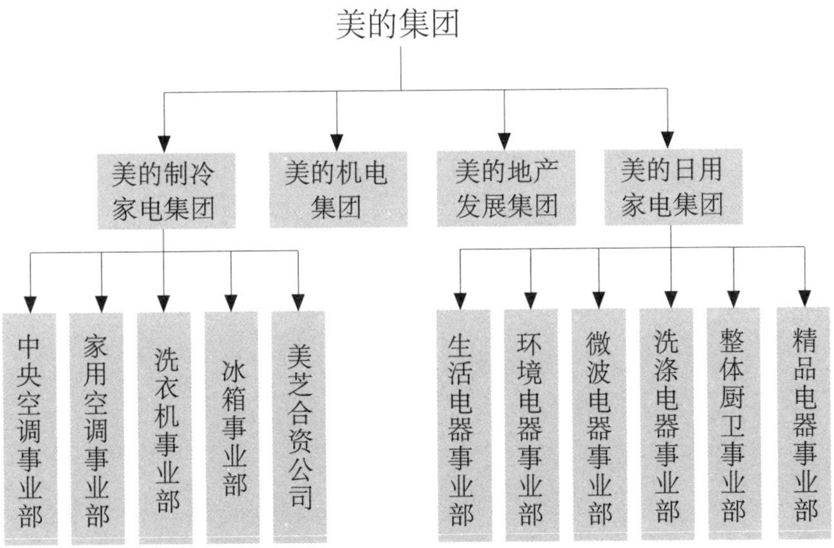

图 4-11　美的集团组织架构

美的集团为何把微波电器、环境电器、生活电器等单独做个事业部呢？当然，首先是为了经营发展的需要，做精做专。另一方面，不断拆分业务就是不断给有能力的员工创造实现个人能力的平台，分出来一个事业部，就出现很多管理岗位，给想干事、能干事、干成事的人以施展个人能力的机会。

“联合利华的职业生涯发展迅速，能带你体验未曾想象的境界。”在联合利华的中文网站上，这句话甜蜜而富有吸引力。广大求职者通常会把这句话理解为，只要踏进联合利华的门槛，并且自身表现不太坏，就一定能获得升职。一个刚刚毕业的大学生看到这一句话的时候，仿佛看到自己美好的未来，就会激励自己不断前进。

现实中，很多企业并没有给员工拓展晋升的通道，或者即使用“通道”，那也只是一个“大饼”，根本无法落地。这样的话，很多员工要么离职，要么混日子。国内有家知名的招聘网站，曾经做过员工离职率的调查，发现员工离职的第一原因竟然是“没有发展空间”，排在第二位的是“糟糕的上司”，排在第三位才是“薪酬”。这说明很多员工在生理需求已经满足的情况下，发展变得就非常重要了。

在企业管理中，企业不能只给员工建立单一的发展通道——管理路线，应该建立多通道的发展路径，让有管理潜质的员工走管理通道，让缺乏管理潜质但有专业技能的员工去走专业通道。

华为在借鉴英国模式的基础上，设计了著名的“五级双通道”模式。

先梳理出管理和专业两个基本通道，再按照职位划分的原则，将专业通道进行细分，衍生出技术、营销、服务与支持、采购、生产、财务、人力资源等子通道。这些专业通道的纵向再划分出五个职业能力等级阶梯，如，技术通道就由助理工程师、工程师、高级工程师、技术专家、资深技术专家五大台阶构成，而管理通道是从三级开始，分为监督者（三级）、管理者（四级）和领导者（五级）（见图 4-12）。

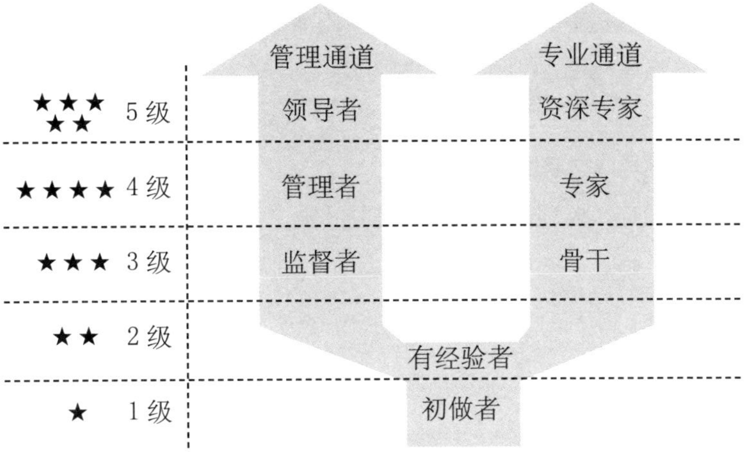

图 4–12 “五级双通道”模式

在这个多通道模型中，每个员工至少拥有两条职业发展通道。以技术人员为例，在获得二级技术资格之后，根据自身特长和意愿，既可以选择管理通道，也可以选择技术通道发展。由于两条通道的资格要求不同，如果技术特点突出，但领导或管理能力相对欠缺的话，就可以选择在技术通道上继续发展，一旦成长为资深技术专家，即使不担任管理职位，也可以享受公司副总裁级的薪酬与职业地位，企业也得以充分保留一批具有丰富经验的技术人才。很多员工还可以选择两个通道分别进行认证，企业采取“就高不就低”的原则来确定员工的职等待遇。

3. 强化理论

美国哈佛大学心理学教授斯金纳指出：人类为了达到某种目的，本身会采取行动作用于环境。当行为结果有利时，这种行为就重复出现；不利时，这种行为就减弱或消失。

这个理论解释了为什么马戏团的动物或者海豚馆里的海豚能按照驯兽

人员的要求表演很多优美的动作，这都是不断强化出来的。如果按照人的要求去表演，这些动物就会获得正激励——食物；如果不能按照人的要求去表演，就会获得负激励——挨打，久而久之这些动物就会形成一种条件反射，即向对自己有利的方向发展。

管理者如何用好强化理论呢？及时激励。当员工做出的行为是管理者提倡的行为，管理者希望这种行为再次出现，也希望其他人能够不断地去效仿，管理者就要及时地表扬、肯定，甚至奖励。如果员工做出的行为不是管理者提倡的，甚至是反对的行为，就要及时地批评、处罚，防止该行为再次出现，也避免其他人员效仿。

在奥运会比赛中，当运动员获得冠军后，激励都是立即的，在运动场地甚至不更换衣服就要颁奖。没有说哪个国家等比赛结束回国后再进行颁奖的。目的就是激励这个运动员在后续的比赛中再创佳绩，也激励其他后面有比赛的运动员能获得奖牌。所以，激励越及时越好，能做到日激励，就不用周激励；能做到周激励，就不要月激励；能做到月激励，就不要年激励。

在中国兵学通论的一部明代兵书《草庐经略》中有这样一句话："将以诛大为威，赏小为惠。无不谓小者尚无遗赏，则虑功岂肯忘心？此三军之士所以毕命向前，计无反顾者矣。昔人有言：'赏不逾时。'故不独贵小而贵速，迟则为屯膏，而人怀观望。"管理者要统帅三军，除了做到奖罚分明外，还要做到及时。如果奖励不及时，就会造成士兵积极性下降，使大家坐等观望。

在管理学上有一个理论叫"嗑瓜子理论"。嗑瓜子是一件很简单的事情，很多人都喜欢的，一般有以下规律。

- **很容易拿起瓜子来嗑，不论你是在哪里，在干什么，如果身边有瓜子的话。**

- **一旦吃起来，就很难停下，就会一颗一颗吃下去。**
- **一般嗑瓜子的时候，不容易被打断，可能你会去上厕所、打电话或者去做别的事，只要你回到座位，很自然地又会嗑起来，不需要别人提醒。**
- **一般会把瓜子全部吃完才算罢休。**

为什么会出现这些现象呢？主要原因在于付出了行动，立刻会得到奖励。这是很重要的一点，我们嗑开瓜子后，马上就可以吃到香香的瓜子仁，是对嗑瓜子的一种及时回报，从而激励着我们继续这个行为，一直不停地嗑瓜子。我们看一下，我们身边的 90 后，他们在吃饭前几乎都有一个标准动作：先拍照，然后上传朋友圈。接下来，我们想一下他们想得到什么呢？他们想得到别人及时“点赞”。第二天早上，眼一睁就看看有多少人及时给自己点赞。他们做出了行动，希望及时得到别人的关注。所以，及时激励对 90 后的员工来说特别重要。所以管理者要满足员工及时激励的需求。

有人会说，道理我懂，但是想激励没有钱呢！其实，我们在这里谈的是激励，而不是奖励。激励可以不用钱，一样可以收到很好的效果。可以伸出大拇指点个赞，可以口头表扬下，可以发个赞扬的短信，可以拍一下肩膀，其实这些都是激励，一样会收到不错的效果。比如员工很快把制作中国结需要的原材料找齐了，你看了后觉得还不错，你就需要马上说“真不错，这么快就找好了原材料”，而不是什么表示也没有，只是说“好，我知道了”。同时，这样的激励要及时，而不能等到明天、后天，及时的赞美效果是最好的。就好比你女朋友穿了一件很漂亮的衣服，隔了一天，你告诉她，你昨天穿的衣服很漂亮，和你当时就说这件衣服很漂亮，其实说的是一样的话，但效果是截然不同的，还会惹来不必要的麻烦哦，可能你女朋友会问：难道今天穿的就不漂亮吗？（是不是没事找事啊。）

在管理上我们把强化分成了四种类型：正强化、负强化、不强化和预强化。

- 正强化：所谓的正强化就是采用正激励的方式去强化，目的是使行为得到加强。
- 负强化：所谓的负强化就是采用负激励的方式去强化，目的是使行为减弱或消失。

  在管理学上还有一个理论叫“破窗理论”。一扇窗户被打破，如果没有修复，将会导致更多的窗户被打破，甚至整栋楼被拆毁。由美国政治学家威尔逊和犯罪学家凯林观察总结的“破窗理论”指出，环境可以对一个人产生强烈的暗示性和诱导性。当员工的行为对组织有害时，管理者必须及时采用负强化，否则就会给其他人暗示性和诱导性。
- 不强化：所谓的不强化就是既不用正激励，也不用负激励，采用漠视的方式，让其自然消退。

  其实，有些行为我们必须不强化。有些行为既不提倡，也不反对，而且行为本身也无伤大雅。如果你对这些行为强化了，反而会适得其反。比如孩子比较小的时候比较调皮，喜欢做“鬼脸”，希望得到家长的关注，你发现家长越是制止，孩子越变本加厉。如果家长采用装着看不到，不关注的方式，孩子就会觉得没有意思，慢慢自然消退了。在前几年，我们国家曾经报道过罪犯砍杀幼儿园孩子的个别案例，我们发现报道后这种案件不但没有减少，反而数量有所增多，说明一旦强化，就会引起别人的关注，甚至会造成别人的效仿。
- 预强化：所谓的预强化就是以前把制度给大家宣讲一下，把“达摩克利斯之剑”高悬到头顶上。

4. 双因素理论

双因素理论亦称“激励—保健理论”，是美国心理学家赫茨伯格 1959 年提出的。

20 世纪 50 年代末期，赫茨伯格和莫斯纳、斯奈德曼一起合作进行了一项实验研究，这就是诞生出双因素理论的匹兹堡调查。作为心理学家，赫茨伯格以西方人人皆知的《圣经》故事为喻，指出人类有两种需要：一种是亚当的需要，一类是亚伯拉罕的需要。所谓亚当的需要，是指亚当吃了苹果被逐出伊甸园之后，他不得不面对各种苦难，人的本质遭到谴责和扭曲，所以他要拼尽全力去摆脱环境造成的痛苦。所谓亚伯拉罕的需要，是指上帝赐福于他并承诺给他的子孙以大片土地，使他成为上帝的使者，足智多谋，富有想象力和创造性。从本质上讲，亚当的需要是动物性的，而亚伯拉罕的需要才反映了真正的人性。赫茨伯格称：“人类在工作中有两类性质不同的需求，即作为动物避开和免除痛苦的需求，及作为人类在精神上不断发展、成长的需求。”

为了验证这两种需要的假设，赫茨伯格展开了调查。他与同伴在号称“世界钢都”的工业城市匹兹堡选取了 11 个组织的 200 多名样本展开调查，主要对象是来自各行各业的工程师和会计师。研究人员对这 200 多名工程师、会计师逐一访谈，了解他们对工作的态度是怎样的。在面谈中，询问访谈对象以下问题：

- **在你过去的工作中，哪些事让你感到十分满意？**
- **让访谈对象对这种满意做出解释，为什么当时会感到满意？这种满意是否影响了工作状况？是否影响了自己与他人的关系？是否影响了个人的幸福？**
- **在你过去的工作中，令人特别不快的事情是什么？**
- **这种不快对你的工作、人际关系和个人幸福有什么影响？**

结果他发现，使职工感到满意的都是属于工作本身或工作内容方面的；使职工感到不满的，都是属于工作环境或工作关系方面的。他把前者叫作激励因素，后者叫作保健因素（见表 4-3）。

表 4-3　保健因素与激励因素

保健因素（环境）	激励因素（工作本身）
金钱	工作本身
监督	赏识
地位	进步
安全	成长的可能性
工作环境	责任
政策和行动	成就
人际关系	

所谓“保健因素”，就是那些造成职工不满的因素，它们的改善能够解除职工的不满，但不能使职工感到满意并激发起职工的积极性。

所谓“激励因素”，就是那些使职工感到满意的因素，唯有它们的改善才能让职工感到满意，给职工以较高的激励，调动职工的积极性。

赫茨伯格也修正了传统的关于满意与不满意的观点。传统的观点认为，满意的对立面是不满意。赫茨伯格认为这是不正确的，满意的对立面是没有满意，而不是“不满意”；不满意的对立面是没有不满意（而不是“满意”）；满意与不满意是质的差别，而不是量的差别。

综上所述，赫茨伯格提出了几个新观点：

不是所有的需要得到满足都能激励起人们的积极性，只有那些被称为激励因素的需要得到满足才能调动人们的积极性。

不具备保健因素时将引起许多不满，但是具备时并不一定调动强烈的积极性。另一方面，具备激励因素时会引起强烈的积极性和满足，但缺乏时却并不会引起很大的不满（见图 4-13）。

赫茨伯格还明确指出：在缺乏保健因素的情况下，激励因素的作用也不大。

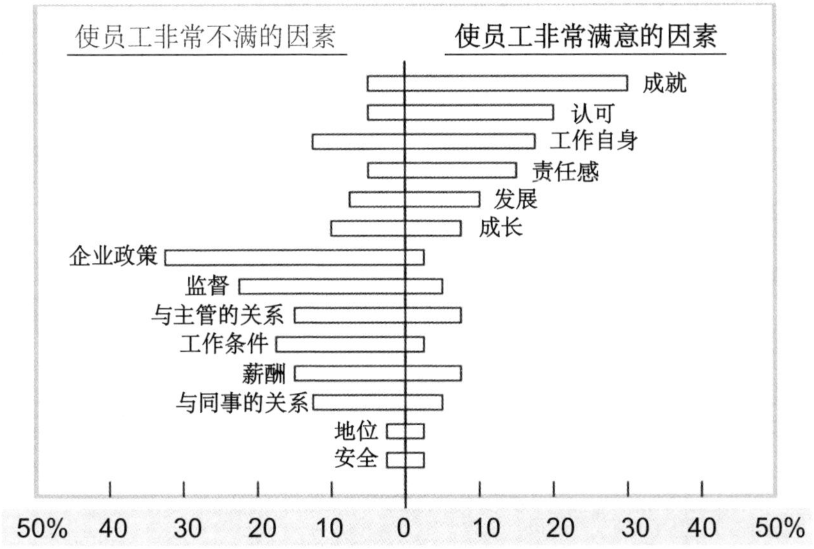

图 4-13 满意因素与不满意因素对比图

赫茨伯格的双因素理论和马斯洛的层次需求论是兼容并蓄的。只不过马斯洛的理论是针对需要和动机而言的，而双因素理论是针对满足这些需要的目标和诱因而言的（见图 4-14）。

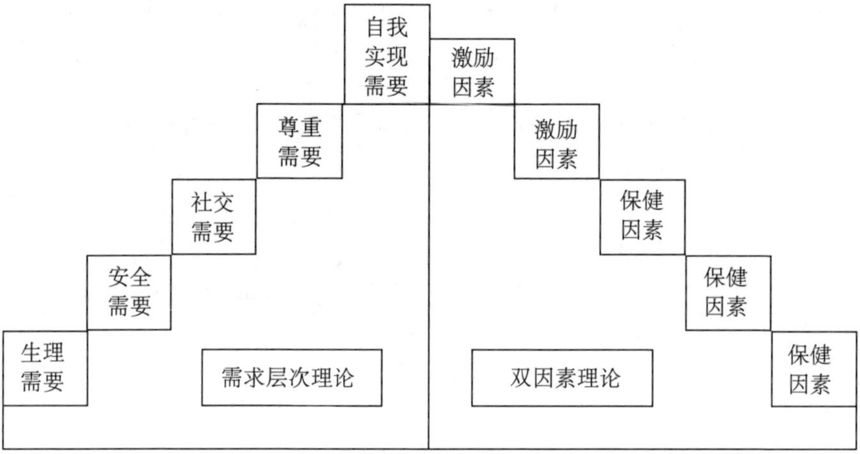

图 4–14 需求层次理论与双因素理论对比图

该理论对管理的现实指导意义：

- 采取了某种激励机制的措施以后并不一定就能带来满意，更不等于劳动生产率能够提高。（普通职工可能更注重物质的满足，而中层领导可能更注重职位的高低。）
- 满足各种需要所引起的激励深度和效果是不一样的。（保健因素的激励只是暂时的、不能持久的。）
- 要调动人的积极性，不仅要注意物质利益和工作条件等外部因素，更重要的是用一些内在因素来调动人的积极性。（注重于激励因素。）
- 保健因素虽然不能给员工带来满足感，但是保健因素一般只能增，不能减，如果减的话，员工会马上不满意。
- 保健因素和激励因素会发生相互转换。对员工而言，人人都有份而且每年固定不变的东西，属于保健因素。在管理中，如果管理者搞平均主义，或者每年固定发放不与考核挂钩的话，那么就会

把本来是激励因素的东西变成了没有太大激励作用的保健因素。比如很多企业每年给员工发放的生日蛋糕或者搞的集体旅游，就不再是激励因素，就属于保健因素。如果旅游和考核挂钩，就会将保健因素变成激励因素（见表 4-4）。

表 4-4　保健因素和激励因素相互转换

最终绩效分	$J \geqslant 105$	$95 \leqslant J < 105$	$85 \leqslant J < 95$	$70 \leqslant J < 85$	$J < 70$
奖励性福利	东南亚 5 天游	国内 4 天游	无	无	无

所以，企业搞绩效考核的目的就是尽可能使所有的调薪、奖金发放、福利等起到最大的激励作用，变成激励因素。如果调薪、奖金发放、福利发放搞“普惠制”的话，这只能属于保健因素，出现的结果是绝大部分员工都不会太满意，激励作用有限。

5. 期望理论

该理论是由美国心理学家弗鲁姆（Vroom）1964 年提出的。

期望理论认为，一种行为倾向的强度取决于个体对这种行为可能带来的结果的期望强度以及这种结果对行为者的吸引力。

激励公式：激励力量 = 目标价值 × 期望值

目标价值（效价）：对行为结果或目标的评价

期望值：根据经验判断一定行为能够满足需要的概率

怎样使激发力量达到最好值，佛隆姆提出了人的期望模式：

个人努力→个人成绩（绩效）→组织奖励（报酬）→个人需要

在这个期望模式中的四个因素，需要兼顾几个方面的关系：

（1）努力和绩效的关系

这两者的关系取决于个体对目标的期望值。期望值又取决于目标是否适合个人的认识、态度、信仰等个性倾向，以及个人的社会地位、别人对他的期望等社会因素。即由目标本身和个人的主客观条件决定。

（2）绩效与奖励关系

人们总是期望在达到预期成绩后，能够得到适当的合理奖励，如奖金、晋升、提级、表扬等。组织的目标如果没有相应的有效的物质和精神奖励来强化，时间一长，积极性就会消失。

（3）奖励和个人需要的关系

奖励什么要适合各种人的不同需要，要考虑效价。要采取多种形式的奖励，满足各种需要，最大限度地挖掘人的潜力，最有效地提高工作效率。

（4）需要的满足与新的行为动力之间的关系

当一个人的需要得到满足之后，他会产生新的需要和追求新的期望目标。需要得到满足的心理会促使他产生新的行为动力，并对实现新的期望目标产生更高的热情。

我们看一个案例：

某位公司销售经理对他的一位销售员说："如果你今年完成1000万元的销售额，公司将奖你一套住房。"这时组织的目标是1000万元的销售额，个人的目标是一套住房，效价和期望值可能会这样影响对此人的激励力：

效价——销售员可能的反应是：

A. "天哪！一套住房！这正是我梦寐以求的，我一定要努力去争取。"

B. "住房？我现在住的已经够了，况且如果我一个人拿了住房，同事们会不满的，这对我没什么吸引力！"

期望值——销售员可能的反应是：

A．“1000万元的销售额，照今年的行情，如果我比去年再卖力一点儿，是能做到的。”

B．“1000万元？简直是天方夜谭，经理要么是疯子，要么就是根本不想把住房给我，我才不会白花力气呢！”

激励力——销售员可能的反应是：

A．“只要销售到1000万元就能得到一套住房，我一定好好努力！”

B．“经理向来说话就不算数，我打赌经理到时一定能找出10条理由说：‘我也不想说话不算数，但我实在是无能为力！’”

在上面的例子中可以很明显地看到，效价和期望值越高（在所有的A情况下），则对人的激励力越强；而反之（在所有的B情况下），对人的激励力则越弱。从中至少可以得到以下两点启示：

其一：要有效地进行激励，就必须提高活动结果的效价，要提高效价就必须使活动结果能满足个人最迫切的需要。

其二：要注意目标实现的期望值，即组织目标实现的概率不宜过低，以免让个人失去信心；当然也不宜过高，过高则会影响激励工作本身的意义。

弗鲁姆提出的期望理论在企业管理中的实际价值如下：

管理者应该同时注意提高期望概率和效价。仅仅重视激励是片面的，应该注意提高工作人员的素质，包括提高他们的思想素质和业务能力，通过提高他们对自身的期望概率去提高激励水平，创造较高的绩效目标。

管理者应该提高对绩效与报酬关联性的认识，将绩效与报酬紧密结合起来。绩效与报酬的联系越紧密，拟实现的目标能够满足受激励者需要的程度相对提高，目标对受激励者的吸引力也就相对加大，激励的水平也就相对提高。

管理者应该将物质奖励与精神奖励结合起来。期望理论表明，目标的吸引力与个人的需要有关。价值观的差异会产生需要的差异。因此，管理者应该了解自己的管理对象，在可能的情况下，有针对性地采取多元化的奖励形式，使组织的报酬在一定程度上与工作人员的愿望相吻合。

现在中国需要建立和谐社会，企业也要建立和谐企业，那么什么是和谐呢？所谓的和谐就是“相互满足，互相成就”。我们不能只要求员工满足管理者的需求，也不能让员工仅仅成就企业，那样的话，员工就会认为其仅仅是一只被“屠宰的羔羊”，根本没有任何积极性可言。所以，按照期望理论，企业只有满足员工的期望，员工才能满足企业的期望。

案例：MTW 公司和员工制定“期望协议”。

MTW 公司的销售额从 2006 年的 700 万美元跃升到 2015 年的近 4000 万美元，并建立了以人为本的文化，使公司从当初的 50 人发展到 215 人，人员流动率约为行业标准的 20%。作为公司总裁兼首席执行官的爱德·奥西认为：MTW 成功的基石在于公司和每位员工签订的“期望协议”。

奥西解释，“期望协议”的价值在于“换位思考”。在此过程中，每一方都说出他的目标，然后由他人再次重复目标。加入 MTW 公司的每一位员工都要签订一份“期望协议”，MTW 公司鼓励新员工提出所有的期望。奥西认为，这个过程会让员工说出他们心目中最重要的东西。有时，人们想灵活地处理家庭事务，照顾上了年纪的父母或者需要特殊照顾的孩子。

在 MTW 公司，“期望协议”是一个双向的、随员工的职业发展不断改进的文案，大约每六个月就要对它进行一次回顾并进行修改。人们有较清晰的使命感，“公司知道你想去的地方，你也知道公司发展的方向”。

让员工说出愿望并帮助员工去实现这个愿望，可能会收获意想不到的结果。公司年初可以设定一个“许愿箱”，让每一个员工把他（她）今年的愿望投入到“许愿箱”，管理者可以帮助员工去实现每个人的具有现实意义的“愿望”，年终的时候给员工一个意外的“惊喜”。即使不能实现员工的“愿望”，也要提前与员工做好心理沟通，阐明原因，并提出下一步的实现计划。如果公司能这么做的话，员工一定会被一个个实现的“心愿”不断激励，幸福感也会不断涌现，企业的凝聚力也会不断提升。

6. 公平理论

该理论由美国心理学家亚当斯 20 世纪 60 年代中期提出。

报酬的多少虽然是影响职工积极性的因素，但报酬分配是否公平、合理有更大作用。就职工个人来讲，不仅关心自己所得报酬的绝对数，还关心与他人比较的相对数。

在员工的公平感中，会出现以下三种情况：

$$\frac{\text{我的报酬}}{\text{我的贡献}} = \frac{\text{别人的报酬}}{\text{别人的贡献}} \quad \text{公平}$$

$$\frac{\text{我的报酬}}{\text{我的贡献}} > \frac{\text{别人的报酬}}{\text{别人的贡献}} \quad \text{不公平，报酬过剩}$$

$$\frac{\text{我的报酬}}{\text{我的贡献}} < \frac{\text{别人的报酬}}{\text{别人的贡献}} \quad \text{不公平，报酬不足}$$

在第一种情况中，员工公平感无疑是最强烈的，幸福感也比较强，这是企业最终所追求的结果。

在第二种情况中，属于付出得少，而得到得多。感觉获得多的人，会出现什么行为呢？会不会感觉内疚，找领导降薪，愚蠢的人才会这么干！显然不会。会不会别人休息，他自己加班干；别人休班，他偷着干？我想也不会。那么，他会怎么做呢？最可能的结果是沾沾自喜，会变得越来越不努力。

第三种情况中，属于付出得多，而得到得少。感觉获得少的人，会出现什么行为呢?

第一种可能:改变产出。向领导反馈心中的不公平,让领导增加报酬。但是,这样的请求十有八九不会得到领导的同意,领导会说难道谁感觉少我就给谁加薪,那不乱套了吗?

第二种可能:减少投入。既然加薪加不了,接下来就是消极怠工,甚至采取破坏设备的行为。

第三种可能:离开。既然在这里得不到公平的待遇,那么就跳槽去别的企业获得公平的待遇。

第四种可能:更改比较对象。在公司内找一个比自己还惨的人,寻找心理的安慰。

以上四种结果,无论哪一种结果都会对组织的绩效带来影响,甚至会破坏公司良好的企业文化氛围。国内某家知名招聘网站调查发现,在因为薪酬离职的人员当中,因为感觉不公平比感觉工资低离职的人员要多得多。所以,“不患寡,而患不均”是影响员工积极性的重要因素。

改革开放以来,人们的物质生活大大丰富了,但人们的幸福感并没有随之同步增长。近年来,“幸福指数”成为人们讨论的新话题。影响人们幸福感增长的其中一个重要原因是“贫富分化”越来越大,不公平感越来越强,影响了人们幸福指数的提高。同样是给员工发奖金,如果让员工感觉不公平,我相信很多人没有丝毫的幸福感,甚至会引起矛盾。

2011 年 12 月 26 日,乐金显示(LG Display)南京工厂员工开始了持续三天的罢工。罢工原因是 2011 年一线员工年终奖金由此前的 3 个月工资缩水至 1 个月的基本工资。此外,年终奖发放还存在差别待遇,据一位员工介绍,韩籍员工年终奖为 6.5 个月工资、乐金显示化学员工年终奖为 4.5 个月工资,导致大量员工不满。

我们知道公平本身就是最好的激励,在公平的环境中,人们会产生高的工作绩效。所以如果说需求理论不能直接产生绩效的话，那么公平理论就很好地解决了这个问题。获得公平待遇就会直接产生绩效。

在公平理论中，作为管理者要力争追求公平，但是公平永远都是相对的，不是绝对的。因为每个人的分工不同，承担的责任不同，能力不同，所获得的收益也不同，因此不公平是绝对的。但是，我们需要最大限度的公平，因为只有公平才会产生绩效，所以我们必须澄清的是：公平是一种感觉，不是一种结果，感觉公平比公平本身更重要。

公平理论的核心就是通过比较每个人的付出和回报，使每个人尽可能获得公平的感觉。因此在奖励员工的时候，一定要把获得奖励的原因彰显出来，让大家了解先进员工的付出，最重要的不是公布奖励的结果，而是公布他取得绩效的过程。如果我们只是公布奖励的结果和奖金数额，很多人的内心觉得是不公平的，觉得大家都做得不错，为何他却拿这么多。

公平绝对不等于平均，平均等于均贫。美国某商学院的一位教授曾和学生在课堂上讨论社会的财富分配问题。

为了强调公平，大部分同学都主张平均社会财富。

教授没有做任何评论，只是带领学生进行了一个实验：平均学习成绩，即以全班平均成绩作为大家的最终成绩。这样一来，学生既可摆脱过大的学习压力，又不用担心不及格。

结果，第一次测试结果，大家都得了 B+。

这时，那些一直努力学习的同学就在想，反正我努力了也不会得到更好的成绩，那我何必自讨苦吃？于是开始松懈了。

而那些本来就不努力学习的同学就在想，反正学习成绩好的同学会拉高平均分，我为什么还要努力学习呢？

结果，第二次测试结果，大家的平均成绩变成了 B-。

……

第三次测试结果，都变成了C。

终于，部分学生忍不住了，他们跑去找教授，说不能再这样下去了，否则最后大家的成绩都要不及格了。

教授说，平均分配社会财富的结果就是这样，虽然部分人在短期内能够得到好处，但是这样的好处很快就会被消耗完，最后导致的结果就是普遍贫穷。

公平不等于平均，这是教授对财富分配做出的结语。

以前很多国有企业搞“大锅饭”，“干多干少都一样”，“干好干坏都一样”，每个人的奖金几乎都一样，工资也差不多，看似皆大欢喜，看似风平浪静，其实在风平浪静之下却是危机四伏，企业活力越来越差，能干的人越来越少，市场竞争力越来越弱，最后企业倒闭了，大家都一块儿下岗了，最后都一起“共同致贫”了。所以，企业搞绩效考核，搞按劳分配，搞岗位价值评估，其实就是实现企业最大的公平。

在实际运用中，管理者还要注意以下几点：

（1）管理者要做到一碗水端平

每一个管理者都希望自己的上级能公平地对待自己。同样，每个员工也希望自己的直接上级也能公平地对待自己。俗话说“公生明，廉生威”，为官公正，才能使政治清明；为官清廉，才能树立威信。管理者只要做到公平、公开和公正，自然会得到员工的拥戴和信服。

（2）量化考核

“感觉”总是比较主观的，而数据会更有说服力。我们在奖励的时候，靠数据计算出来的，总比领导拍脑门感觉出来的要公平得多。很多企业绩效考核往往缺乏KPI（关键绩效指标）的支持，只是上级领导的主观判断，其结果往往是对人不对事，加上中国人的处世哲学“中庸、和谐、老好人”，最终得出的绩效数据是“你好、我好、大家好”，最终又成了“大锅饭”。

没有数据就没有考核，没有数据就没有公平。

（3）程序公开

在实现公平的时候，我们要给员工三个公平感：分配公平感、程序公平感和互动公平感。

分配公平感是指员工对组织报酬的分配结果是否感到公平。

程序公平感是指员工对获得分配结果的缘由以及过程是否感到公平。

互动公平感是指个人所感受到的人与人之间交往的质量。不论分配结果是否公平，员工最早获得了这些信息，而且还会对这些信息产生反应，信息提供者需要对员工的反应做出回应。互动公平分成两种：一种是“人际公平”，主要指在执行程序或决定结果时，权威或上级对待下属是否有礼貌、是否考虑到对方的尊严、是否尊重对方等；另一种是“信息公平”，主要指是否给当事人传达了应有的信息，即要给当事人提供一些解释，如为什么要用某种形式的程序或为什么要用特定的方式分配结果。

管理者往往在分配公平感上投入很多的精力，没有在程序公平感和互动公平感上做太多的文章。事实证明，员工只有获得了程序公平感，才会获得分配结果公平感。那么，怎么让员工获得程序公平感呢？第一，程序公开；第二，让员工参与。

程序公开。大家可能都买过彩票，你会发现，开奖时是电视直播，而且有公证员在现场公证，目的就是给大家一个公平的感觉。所以，管理者凡是开展涉及员工切实利益的活动务必公开，绝不可搞“暗箱操作”，否则会缺乏公信力。

让员工参与。根据西方管理学家的研究，不管最终的分配结果是否公平，只要员工有参与的权利，而且实际参与了，其公平感就会显著地提高。

四种低成本激励技巧

激励需要成本，这个是肯定的，比如涨工资、发奖金、职务晋升等都需要花费一定的成本。这就要求在运用激励措施的时候，需要关注到成本，寻求成本低、效果好的激励方式。

1. 拥抱

人是社会动物，喜欢社会交往，渴望人与人之间的接触。有育儿专家曾经这样说过："一个孩子的健康成长，需要温度和50000次拥抱"。当然，不是说只有拥抱50000次孩子才能健康成长，40000次和60000次就不行。这个数字，是为了强调拥抱对于孩子成长的重要性。拥抱其实是一种肢体的接触，这种以"爱"为出发点的肢体接触，对员工来说也是一种不错的激励。

对于员工，别说真诚的拥抱，即使拍拍员工的肩膀，也是一种激励。美国有一项对员工的调查，63%的受访者把"拍拍后背"看作是一种意味深长的鼓励。

2. 赞美

玫琳凯的创始人玫琳凯·艾施这样认为："人们有两样比爱情和金钱更重要的东西，那就是获得认同和赞誉！"一份民意调查结果表明，89%的人希望领导能给自己好的评价，只有2%的人不在乎领导的赞美，认为领导的赞美无所谓。在公司里，大部分人都能兢兢业业地完成本职工作，每个人都非常在乎上司的评价，而上司的赞扬是下属最需要的激励。

赞美可以给别人力量。罗纳德·里根是美国第四十任总统。出身于贫寒家庭，当过水上救生员，业余游泳教练，好莱坞电影演员。20 世纪 60 年代中期弃影从政，1980 年当选美国总统。里根被认为是平民总统，是美国历史上杰出的总统之一。里根在 78 岁生日宴会中接受英国《镜报》记者采访时说："在我 14 岁的时候，我的母亲对我说，千万别忘了发现别人身上的长处，多说别人的好话。从此以后，我牢记这句话，甚至在梦中也不忘赞美别人。可以说是我的母亲塑造了我一生。"

领导者的赞美是最有价值的激励，它不需要冒多少风险，也不需要多少本钱或代价，就能很容易地满足一个人的荣誉感和成就感。比如某位员工经过一个多星期的昼夜奋战，精心准备和组织了一次大型会议而累得精疲力竭时，或者经过深入调查取得了关于企划案的调查报告时，或者经过深思熟虑而想出解决技术难题的办法时，他最需要什么？当然是上司的赞美和同事的鼓励。如果某位员工很认真地完成了一项任务或做出了一些成绩，虽然此时他表面上装得毫不在意，但心里却默默地期待着上司给他称心如意的嘉奖，而领导者如果没有关注，不给予公正的赞美，他必定会产生一种挫折感，对上司也产生看法，"反正他也看不见，干好干坏一个样"，这样的管理怎能调动起大家的积极性呢？领导者的赞美是员工工作的精神动力。同一个员工在不同领导者的指挥下，工作劲头天差地别，这与领导者善用还是不善用赞美的激励方法是分不开的。

日本著名学者、社会活动家池田大作对于赞美这样说："为了个人阴暗的私利而极尽溜须拍马之能事只是可鄙的小聪明，但是看到别人的优点能坦荡地赞美别人，却是胸怀宽广、能成大事的表现。但是很多企业的管理者，往往吝啬自己赞美的语言，他们认为赞美别人是难以启齿的事情。"

如何赞美才能收到最大的激励效果？要掌握三个原则：真诚、具体和公开。

（1）真诚

下属希望得到赞美，但是他们需要的是真诚的赞美。如果是虚伪的赞美，或者是不走心的赞美，就变成了奉承，甚至会成为拍马屁。赞美是发现别人身上的优点，而拍马屁是发明别人身上的优点。赞美的动机要纯。生活中往往会出现这样的情况，因赞美者动机不纯，使措辞失去了作用。就像人们深恶痛绝的阿谀奉承、“抬花轿”之类，一般明智的人总是很警觉“溢美之言”“胡吹乱捧”，尤其是赞美者希望通过赞美得到好处，听者的防范之意大多很明显。

（2）具体

英国著名哲学家培根说：“即使是真诚的赞美，也必须恰如其分。”这里所说的恰如其分，是指赞美别人要具体、确切，避免空泛、含混。赞美是需要理由的，赞美越具体明确，就越能让人觉得真诚、贴切，其有效性就越高。相反，空泛、含混的赞美由于没有明确的赞美理由，经常让人觉得难以接受。所以，赞美别人要具体。赞美下属时要真正表明员工的价值。你的赞美要达到预想的结果，需要你真正把他们当成值得赞美的人。赞美下属时，“年轻有为，前途无量”“干得不错”之类的套话是很难打动人心的。言之有物的赞美才能真正表露出对对方的心血、精力的表扬之意。对一个下属如果只说他很能干，倒不如说某件具体事他办得很漂亮更实惠些。一个工作有成就的人，听到的恭维话自然很多，你泛泛地称赞他的能力，好似把一杯水倒进海中，毫无影响。如果我们想赞美一个女人的容貌，与其说她“真漂亮”，不如说她“你的眼睛很迷人”，因为如果只说她漂亮，而不具体说明她漂亮在哪里，她内心深处就会产生一种心理期待：“你说我漂亮，那么我漂亮在哪儿呢？”此时，如果我们没有具体化地表述，就会令对方感到很失望。

（3）公平

俗话说“扬善公堂，归过私塾”，意思就是说表扬人要在公开场合，批评人要在私下。其理由很简单：公开表扬能给人鼓励，催人继续努力，私下批评给人留了面子，会减少副作用。

通过数据分析发现，在所有激励方法当中公开表扬使员工变好的概率是最高的，公开体罚使员工变差的概率是最高的。公开表扬比公开指责更能使员工产生变化（见表 4-5）。

表 4-5　员工强化激励方法及其效果分析

效果 激励方法	行动变化的比重		
	变好 %	没有变 %	变差 %
公开表扬	87	12	1
个别指责	66	23	11
公开指责	35	27	38
个别体罚	28	28	44
公开体罚	12	23	65

但是，有些管理者却有不同看法，他说在我们公司如果想孤立哪个人，就要公开表扬哪个人，表扬完之后，这个员工估计就会受到没有被表扬的员工的讽刺、挖苦和排斥，甚至有些员工也不愿意在公众场合得到领导的表扬，也许是因为害怕引起嫉妒或怨恨。其实，管理者只要是真诚的，只要能做出更多公开表扬的激励行为，这些就不会发生。

3. 故事

故事对于激励人心很重要，好的故事让我们感动。它触动我们，教育我们，并且让我们刻骨铭心。它使得听众将行为放在真实的情境中，并且知道在那样的情境中产生过的什么行为能达到期望。生动的故事能够触动我们的内心并且吸引我们，它们给了我们身临其境的实际体验，传授给我们真正重要的实际经验。

优秀的领导者是优秀的讲故事者。如何讲好一个故事？一个好的故事是由几个成分构成的：

- **行动者——故事所塑造的任务。**
- **困境——行动者要努力解决的问题。**
- **目的——行动者计划要去做的。**
- **行动——行动者为了达到他们的目的所做的事情。**
- **对象——行动者所使用的工具。**
- **因果关系——采取行动的效果（既有有目的的，也有没有目的的）。**
- **情境——围绕着行动者和行动的许多细节。**
- **诧异——故事里发生的意想不到的事情。**

故事要包含所有这些成分需要时间和准备。讲故事是一门艺术，就像任何艺术一样也需要练习和实践。在实况和亲自参与的情况下讲故事是最好的体验，是我们能够真正感受到讲故事者和听众的感情的唯一方式。身体语言、声调、激动、兴奋、期望，当我们在那里的时候，故事的魅力就出来了。

4. 仪式

在企业经营中，仪式感是企业文化很重要的一个组成部分，很多事情因为有了仪式而显得珍贵，仪式就像记忆中的珍珠，历久弥新，让人难以忘却；仪式可以铸成心理契约，在事件之外加上一层防护锁。

谁想为一个没有仪式和典礼的组织——一个什么都不庆祝的令人厌烦的组织工作呢？创造性生产力中心的高级研究员坎贝尔说得非常好：“一

个忽视或阻挠组织的仪式并且把它们看作无关紧要的或‘不划算’的领导者是在忽略历史的规律。‘仪式’是历程的标点符号，没有仪式，就没有开始和结束。生活将成为永无休止的连续的星期三。”

那么仪式有什么样的价值呢？

（1）仪式感是一种精神上的礼仪

职场中，仪式感对员工而言就像一针强力的兴奋剂，能让员工感受到成绩得到了认可，有被重视的感觉。杰克·韦尔奇就曾经把“懂得庆功”作为对领导者的要求和领导力修炼。足以见得仪式对于员工生活与企业发展的重要性，它是任何福利都不能代替的，但同时又加强了活动与会议本身的升华意义。

（2）仪式感让员工充满无限激情

从心理学的角度来说，行为可以影响态度，所以，仪式会影响人们的行为，进而影响人们的态度。在生活中，人们为生活赋予越多仪式，人们就越热爱生活。在商业世界，仪式是一种手段，能大大提升用户对产品的认可度。仪式感让生活变得更美好，而不是简单地活着。有人也许会说，仪式感就是折腾和麻烦，费那劲干吗啊，不是给自己找事吗？凑合凑合得了。作为一名足球运动员，最荣耀的时刻就是捧起世界杯奖杯的时刻。作为一名篮球运动员，最荣耀的时刻就是穿上总冠军球衣，戴上 NBA 总冠军戒指的时候。如果没有了这些仪式感的衬托，那么这份荣耀就会大打折扣。

（3）仪式感可以强化企业价值观

仪式是重要的文化载体，是实践和行动的文化。任何民族都有自己独特的仪式，而这些仪式无不彰显本民族独特的文化内涵。中国作为礼仪之邦，有着丰富的仪式教育思想与实践。历史学家钱穆认为，礼是中华文化的核心。在古代，“通过仪式”“庆典仪式”“纪念仪式”等，是古代礼仪文化在当代的体现与发展，其精神内核就是强化人们对中华文化的认同与自信。隆重的颁奖仪式或庆祝仪式是强化组织价值观的机会。无论它是为了庆祝个人的、团队的还是组织的成就，庆祝表明在这里什么是重要的，什么样的行为是值得花时间和金钱来认可的。庆祝展示和强化了要大家为之献身的至关重要的价值观，它表明组织对于坚持它的原则是严肃认真的。因此，清楚地表明企业或者管理者的立场在仪式中就显得非常重要。

（4）仪式可以增强员工归属感里

这里讲一个真实的故事：

江苏某民营企业在老板的带领下，近几年有长足的发展，建成了规模宏大的工业园。这位老板做企业的最大感悟是做企业的本质就是做人。在庆祝企业建立十周年时，企业举办了一个大型的庆典活动。对许多企业来讲，这种活动非常普遍，无非领导讲讲话，先进表彰下，群众欢庆下，做做表面文章。但这个企业的庆典搞得特别成功，庆典搞完后，企业全体员工的士气空前高涨，为企业的进一步发展壮大提供了强大的动力。

这位民企的老板，在自己新建的工业园里，为两位“英雄”的业务员塑了两尊半身铜像。这两位业务员都是在企业发展过程中做出过突出贡献的英年早逝的功臣。一位是业务员A，是与老板一同创业的元老，在一次业务往来中，被无德的经销商骗了一批价值六万多元的货。这位业务员星夜赶到经销商所在地，守在经销商的仓库里，誓死要把这批货款要回来。出了这件事，A觉得愧对自己的老板，在经销商的仓库里自杀身亡。A用这种极端的方式表明了他对企业与老板的忠诚。还有一位业务员B，苦心经营一个省的业务，把这个省的业务做得风生水起，深得当地经销商的拥戴。B因为有些经销商打不起款，自己掏腰包，为经销商垫钱往公司打货款。B主动帮助经销商，累计自己掏腰包多达五万元。在一次业务出差中，B不幸因为车祸丧生。这位企业老板对这两位业务员一直感恩不忘。在企业的十年庆典之际，这位老板征得了两位业务员家属的认可，把这两位业务员的遗骨，从他们的家乡，请回到新建的工业园。遗骨到达的时候，这位老板与他的儿子亲迎接企业英雄的遗骨。企业举行了庄严肃穆的安葬仪式，并为两位企业英雄的半身铜像举行了揭幕仪式。当时，天空中飘着小雪，所有在场的去世业务员的家人、企业人与媒体人都忍不住泪如雨下。

这次企业庆典，这位企业老板还把以前所有不管任何原因离开企业的员工，统统邀请回来，食宿全部由企业负担。特别值得一提的是，他还对这些曾经在企业里做出过贡献的离职人员进行了表彰和奖励。并对所有离开的人员声明，现在愿意回来的，企业可以马上安排工作，不愿意回来的，去留自便，企业的大门永远向他们敞开。

从上面这个故事中我们可以看出，仪式可以增强员工的归属感，从而让更多的员工为企业的发展贡献自己的力量。

（5）仪式感促进团队融合

通过仪式可以创造家庭般的氛围。其实，我们日常参加的很多饭局或者聚会就是一种仪式，在这种仪式中彼此交流、彼此开放，加强了人们之间的了解，加深了彼此的感情。其实你会发现，在饭局或聚会中吃、喝、玩只是一种形式，而不是目的。为新员工举办一个加入仪式，可以大大提升新员工融入团队的速度；为离职员工举办一个欢送仪式，可以提升现有员工的企业归属感；为获得成绩的员工举办一个庆祝仪式，可以共同分享喜悦，增进彼此的关系。

如何给员工创造仪式感呢？

（1）精心策划

相信每个人对自己的结婚仪式是难以忘怀的。为何难以忘怀？因为这个仪式不但是我们一生重要的时刻，而且是经过精心策划的。一个乏味的仪式，只能使员工反感，浪费大家的时间，也不会在大家的记忆中留下任何印象。

（2）隆重

隆重的仪式更能被赋予意义，更有一种感染力和穿透力。通过隆重的仪式，可以放大员工的价值，满足其尊重需求，让人获得感动。仪式要做到“简短而不简单，隆重而不奢华”。

（3）亲自参与

很多仪式对于员工而言是人生中比较重要的时刻，在这个重要的时刻，他们最希望重要的人物能够在场。那么对于员工而言，什么样的人重要呢？无非就是家人和自己的领导。领导能够出席员工的庆祝仪式，再说几句真诚的祝福语，会让员工觉得很有面子。

因人而异的激励方式

在企业里，人与人之间存在着一定的差异，在对待同一件事情时，不同人的心理活动、行为反应等都会有所区别，造成这种差异的原因很大程度是个性的差异。而由于存在这样的差异，在进行员工管理时，应当充分了解不同员工的个性特征，并根据其个性特征采取相应的管理方式来进行管理，这样才能取得良好的效果。不同的员工，拥有自己独特的价值观与奋斗目标。因此，优秀的管理者必须熟悉员工的性格特征，了解员工的需求，“因材施教”，给予不同的员工不同的激励方式，这样或许能收到意想不到的收获。

性格作为构成员工个性的一个重要组成部分，相对于其他几个方面外显性更明显，而且更容易识别和区分，也更为稳定，因此，可以以性格进行类别划分，并根据不同性格采取相应的管理方式。有关员工性格分类的理论、工具也很丰富，比较常见的分类方法包括按内向/外向划分、按内外向及关系/任务导向划分（DISC）、九型人格划分、迈尔斯布里格斯类型指标（MBTI）、卡特尔16人格等。在诸多的划分方式当中，内向/外向划分考虑的维度过于单一，按照这一标准得出的分类结果对管理方法的选择帮助意义不大。而九型人格、MBTI等工具又过于专业，划分过细，虽然这种分类结果更为精确，但由于划分难度过大，对于广大的管理者而言实用性并不强。而按照DISC进行的人员性格划分，既对管理实践有指导作用，对使用者的专业技能要求也不是很高，因此具有较大的实践意义。

DISC分别从内向/外向维度以及感性/理性导向维度对员工性格进行划分。

内向：指人的言语、思维和情感常指向于内。内向的人常常表现为安静、离群、内省，喜欢独处而不喜欢接触人。

外向：指人的言语、思维和情感常指向于外。外向的人常常表现为好活动、好交往，活泼而开朗，与内向相反。

感性：指的是考虑问题以感官认知为基础，凭感觉做决策。

理性：指的是考虑问题以逻辑分析为基础，凭事实做决策。

按照这四个维度可以把员工的性格分为四种类型（见图4-15）：

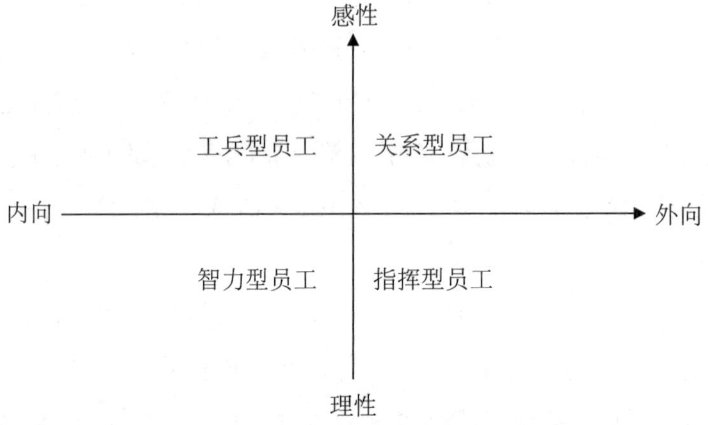

图4-15 四个维度下的员工性格类型

- **指挥型员工性格特征**：以自我为中心，对管理他人感兴趣，敢于承担责任，办事客观，重事不重人，务实并讲究效率，喜欢奖赏，重视结果，懂得竞争，以成败论英雄，轻视人际关系。
- **关系型员工性格特征**：重人不重事，善于处理人际关系，为人随和乐观，很少盛气凌人，不喜欢竞争和冲突，做决定时有些优柔寡断，有时不愿意承担压力和责任，他们希望能够受到别人的关注，没有了观众，他们也就没有了工作的动力。

◆ 智力型员工性格特征：智慧、博学，偏于思考，富有探索精神，对事情的来龙去脉总是刨根问底，乐于收集信息但是不讲究信息的实用性，他们的想法有些偏激，重视点而忽视面，重事不重人，不擅长与人交流。

◆ 工兵型员工性格特征：属于执行类，乐于从事单调的重复性的工作，缺乏创意；忠实可靠，守纪律，清楚自己的职责，绝对不会越线，只做自己分内的事情，不愿意指挥别人，只拿属于自己的那份薪酬。

这四种不同类型员工的性格基因和激励要点都是各不相同的（见表4-6、表4-7）：

表4-6 四种不同类型员工的性格基因和激励要点

类型	性格基因	激励因子	期望激励	负面激励
指挥型员工	控制和权力的因子	支配权是激励和驱动这类人的最有效因子	• 挑战性、权力和权威 • 物质报酬 • 职位 • 可预期的工作环境	• 太多外来的干涉和控制 • 工作过于琐碎
关系型员工	浪漫和梦想的因子	社交式的互动和社会认同是激励和驱动这类人的最有效因子	• 名誉、身份和友谊 • 物质奖励 • 大家的认可和赞赏 • 有时间做创新性思考	• 不被信任 • 不受尊敬 • 受到冷落
智力型员工	理性和秩序的因子	精确与准确是激励和驱动这类人的最有效因子	• 有完善的制度和流程 • 适当的福利和安全	• 不合理或无理的批评和指责 • 缺少条理的工作方式
工兵型员工	忠诚和毅力的因子	稳定是激励和驱动这类人的最有效因子	• 和谐与幸福感，有足够的时间应对变化 • 适当的物质回报，合作稳定、可预期的工作环境	• 不合理或变动不定的压力

表 4–7　四种类型员工具体的激励措施

类型	激励具体措施
指挥型员工	• 明确设定工作目标，参与讨论计划 • 使他们的工作有一定的自主性 • 表现出真诚的希望，并明确奖励计划 • 让他们承担需要高效率完成的工作 • 鼓励竞争
关系型员工	• 关心他们的个人生活 • 授权工作后，承诺为其承担一定的责任 • 及时与他们沟通，给他们提供一些交流感情的机会 • 安排工作时，强调工作完成对团队和成员的重要性，注意指定日期 • 给他们安全感
智力型员工	• 与他们讨论问题，不要试图说服他们 • 肯定他们的思考能力，对他们的分析表示感兴趣 • 提醒他们完成工作目标，不要过于追求完美 • 赞美他们的一些发现和创意 • 让他们自己制订计划
工兵型员工	• 为他们做决定，制定明确的目标和计划 • 支持他们的工作，对于他们的认真程度和敬业精神给予肯定和鼓励 • 多给他们出主意、想办法 • 不要说勉强他们的话语

第五项修炼

优化结果的绩效伙伴——瞄准目标，达成绩效

管理者必须仔细考虑组织的使命，制定组织的目标，组织好各种资源，从而让组织做出绩效贡献。管理者必须对产生绩效负责——不管是经济的绩效、学生的学业，还是病人的护理，因为这些都是每个组织赖以生存的基础……

——彼得·德鲁克

THE FIFTH PRACTICE

管理的目的是绩效

美国著名领导力权威专家、密歇根大学的戴维·尤里奇教授就曾严肃地提出，有效的领导力不仅来自领导者的个人特征，还取决于领导者是否能够做出绩效。

领导者可能是一个特别棒的人，但如果他们无法创造出持久的、平衡的业务结果，那他们就称不上是好的领导者。有效的领导力 = 领导特质 × 绩效。

管理者最终对绩效负责任。没有绩效就不可能存在管理。对管理者而言，凡是不以绩效为导向的管理都是假积极，凡是不以结果为目的的工作就是不负责任。

2016年3月9日，阿里巴巴董事局主席马云在阿里巴巴西溪园区报告厅里为800余名入职一年以内的新员工进行了一场公开演讲。在演讲中，马云直言不讳地指出："每个人都愿意停留在理想之中，每个人都恨KPI，但如果没有KPI，没有结果导向，没有效率意识，没有组织意识，没有管理意识，那么我个人觉得所有的理想都是空话，我们就变成一个梦想者，胡说八道。每个人都愿意停留在理想中，但没有约束就是空想。天下没有完美的组织，为什么？很简单，想要走得快，那就一个人走；想要走得远，那就一群人一起走、要一群人一起走，就一定要有组织。"只有理想是不行的，理想放置于实践还是要靠组织意识，而组织意识要的还是KPI，还是组织的绩效。

管理者不能产生绩效，就是浪费组织的资源。陈春花教授曾经这样说：“对于管理而言，我们需要有好的效益的同时又需要用最快的时间达成这个结果。因此，无论你采用何种管理形式和管理行为，只要是能够产生绩效的，我们就认为是有效的管理行为和管理形式；如果不能够产生绩效，这个管理行为或者管理形式就是无效的，我们可以确定后者就是管理资源的浪费。”

企业管理最根本的核心并非让员工听从指挥，而是要为公司创造利润。所以我们可以这样说：管理一定是为经营服务的，管理的最终目的是人尽其才做出绩效。管理的本身，就是要对绩效负责，公司的管理者必须根据绩效这个目的去调整公司的资源分配，让所有团队发挥最大的势能。

什么是绩效？

绩效就是目标的达成结果，是效果，是效益，是效率，是效能。绩效不是自然而然产生的，更不是夸夸其谈出来的，而是靠管出来的。

什么是绩效管理？

绩效管理是基于过程的管理。绩效管理是通过绩效标准设定、在职辅导、绩效评估、绩效面谈等，改善员工的工作表现，以达到企业的经营目标，同时亦有助于提高员工的满意程度以及指引员工未来的发展。

绩效管理不等同于绩效考核。绩效考核仅仅关注结果，绩效管理是关注过程。绩效考核只是月底填表、月底得分，绩效考核是扣钱的工具。而绩效管理是管理者对员工辅导、激励、控制的工具，是帮助员工改进工作。绩效考核仅仅是绩效管理的一个环节。为何绝大多数企业的绩效都搞得不成功？关键在于很多企业把绩效管理搞成了绩效考核。杰克·韦尔奇曾经感慨地说：“真正实施绩效管理成功的企业，不到10%，而大部分企业都是错误地认为绩效管理是绩效考核，导致绩效管理出错了。”

绩效管理如果搞得好，最终的结果是“三笑”，就是“老板笑、干部笑和员工笑”。可以扪心自问一下，我们的企业有没有达到“三笑”。在企业管理中，绩效管理是把“双刃剑”，搞得好可以大大提高员工的动力，提升组织的绩效。如果搞得不成功，就会大大挫伤员工的工作积极性，出现“伤敌一千，自损八百”的尴尬局面，还不如不搞绩效好。

绩效的起点是目标

大家是否还记得第一章“管理者的五项任务”中的第一项任务是什么？制定目标。制定目标、分解目标、达成目标贯穿于管理者整个经营和管理工作中。可以说，没有目标就没有管理。

“目标管理”的概念是管理大师德鲁克1954年在著名的《管理的实践》中最先提出的。其后他又提出“目标管理和自我控制”的主张，德鲁克认为，并不是有了工作才有目标，而是相反，有了目标才能确定每个人的工作，所以“企业的使命和任务，必须转化为目标”，如果一个重要领域没有目标，这个领域的工作必然被忽视。管理者应该通过目标对下级进行管理，当组织最高层管理者确定了组织目标后，必须对其进行有效分解，转变成各个部门以及各个人的分目标，管理者根据分目标的完成情况对下级进行考核、评价和奖惩。

目标管理对管理者和员工来说都有哪些好处呢？

1. 目标管理使未来变得可预期、可预见

你破产了，只剩最后两元，买了一张彩票，第二天开奖后，你看到开出的号码与你买的彩票号码很像，但彩票放在家里，你无法核实是否中了奖，你与周围的人谈起这件事，周围有个人马上掏出50万元现金买你这张彩票，而你的彩票万一中奖，奖金将是100万元，你是否愿卖呢？

你要到一个“窘困国”出差，有两个选择：一个是乘坐你经常乘坐的“不良航空公司”的航班，这家航空公司以服务糟糕出名，飞机上的食品质量

很差，但这家航空公司规模较大，航班一般都很准点，而且每年都在飞机保养上的花费不少；另一家航空公司就是你要去的“窘困国”的航空公司，你对这个国家和这家航空公司都缺乏基本的了解，你只知道这个国家是不发达的第三世界国家。现在，你决定乘坐哪个公司的航班？

这两个问题大家一般都会怎么选择呢？相信第一个问题，绝大部分人的选择是接受 50 万元现金，把不能预测结果的彩票卖出去；第二个问题绝大部分人的选择是选乘“不良航空公司”的航班。为什么会这么选择呢？一般人会对未知的事情感到恐惧。可预期对我们是十分重要的，如果人们对未来感到不可知，其行为就会倾向于“不可控、易变、短期化、盲目化”。

2. 目标产生动力

按照格式塔心理学的观点，人有一种本能的倾向，总是自觉地追求完美、完整，自觉地消除差异，获得平衡；这种追求完美完整、消除差异、恢复平衡的倾向是动力的来源。人类行为的通用原则：

- **如果人们知道自己预期的工作目标，他们的工作会更有效。**
- **如果人们参与目标的制定，他们对目标就会有承诺的感觉，从而会更积极地完成预定的目标。**
- **如果人们了解他们业绩的评价方法，将有助于目标认同和达成。**
- **如果人们觉得所要达成的成果很重要，并认为可以达成，则更会激励他们去完成。**

人的需求得不到满足会产生紧张感，目标和现实之间的差距使我们产生改变现状的欲望和动力。人之所以懈怠，是因为要么没有任何目标，要么不知道目标与现实的差距。

管理学家们曾经专门做过一次摸高试验。试验内容是把 20 个学生分成两组进行摸高比赛，看哪一组摸得更高。第一组 10 个学生不规定任何目标，由他们自己随意制定摸高的高度。第二组规定每个人首先定一个标准，比如要摸到 1.6 米或 1.8 米。试验结束后把两组的成绩全部统计出来进行评比，结果发现规定目标的第二组的平均成绩要高于没有制定目标的第一组。摸高试验证明了一个道理：目标对于激发人的潜力有很大作用。

费罗伦丝·查德威克是加利福尼亚州的一名职业游泳运动员，在不到 30 岁的时候，她曾成功地渡过英吉利海峡，是美国第一个游过该海峡的女性。

1952 年，查德威克再次挑战自己，决定从加利福尼亚海岸以西 21 英里（约 33.8 千米）的卡塔林纳岛出发，越过海峡进入太平洋，然后游向加州海岸。很多媒体记者亲临现场，随时进行报道。

谁料那天早上，突然起了大雾，海岸被一片浓雾所笼罩，查德威克跳进水里开始向前游。一会儿护送她的船只就看不到了，她抛去一切杂念，心里只有一个目标，那就是加州海岸，她奋力向前冲去。一个小时过去了，两个小时过去了，查德威克越游心里越没底。游了 15 个小时之后，她已经被冰冷的海水冻得嘴唇发紫，浑身发麻。其间，有好几次鲨鱼要靠近她，都被护送船只上的人开枪赶跑了。再游了 30 分钟后，她实在无法坚持了，向船上的人发出求救信号，上船后才知道自己距离终点只有半英里（约 0.8 千米）！查德威克说："真正让我半途而废的不是浓雾、疲劳，也不是寒冷，而是因为心里一直想着加州海岸这个最终目标，浓雾之下我感觉海岸还有很远，结果无法看到。"

两个月后，她再次发起挑战。这次她采取全新策略：整个过程分成 8 个小阶段，设置标志物。因为这次横渡海峡每一步都有阶段性目标，既减少了压力，又增加了成就感。查德威克顺利地完成了横渡海峡的壮举——她不但是第一个游过卡塔林纳海峡的女性，而且比男子还快了两个小时。

3. 目标管理使授权成为可能，从而解放管理者

如果员工没有目标，员工的工作就不会有方向，不知道自己每天该干什么工作，只能等领导安排，“拨一拨转一转，不拨就不转”，围绕领导指令干，没有指令就不干。很多企业出现了“高层干中层的事，中层干基层的事，基层干高层的事”的怪现象。为什么会这样呢？很多员工由于没有目标，不会主动找事去干，只能闲着无事讨论公司的“大政方针”，而中层管理者一看，很多员工该干的工作没有干，于是自己就冲锋陷阵了，每天就是充当“救火队员”，生活在“忙、盲、茫”的状态中。自己忙得焦头烂额，而下属却无所事事（自己不满、下属更不满）。不知如何去安排和布置下属的工作，也不知道该让下属做什么（自己困惑、下属难受）。安排了任务，总感觉下属完成得不尽如人意（自己生气、下属茫然），不知道如何去监督、指导下属工作，下属总是积极性不高、消极。

目标管理可以充分释放管理者，让员工由“铁锅里的青蛙”变成“自动寻找奶酪的老鼠”。管理者把自己的目标通过分解落实到员工肩上，形成“千斤重担人人挑，人人肩上有指标”的压力传递机制。员工在目标的牵引下，就会主动地去工作。目标管理可以有效地实现员工自我管理、自我驱动和自我激励。员工原来围绕领导干，变成了围绕着自己的目标干。我们试想一下哪种方式对员工更有驱动力？管理者是想让员工跟着你干，还是跟着目标干呢？马云曾这样说：“管理者不能统一人的思想，但可以统一人的目标。千万不要相信你能统一人的思想，那是不可能的。30% 的人永远不可能相信你，不要让你的同事为你干活，而让他们为我们的共同目标干活。团结在一个共同的目标下，要比团结在一个人周围容易得多。”

《哈佛商业评论》研究表明：凡采用目标绩效管理的公司，比起没有采用目标绩效管理的公司，具有更高的盈利，更好的资金流动，更强的股

票绩效和市值。美国前总统布什将2002年度“总统自由勋章”授予彼得·德鲁克时，提到他的三大贡献之一就是“目标管理”。惠普公司创始人戴维·帕卡德在《惠普之道》中说道：没有任何管理原则比“目标管理”原则对惠普的成功有如此大的贡献……

好目标是成功的一半

国际上一家著名的咨询公司的调研显示：将近 1/3 的员工认为，他们的管理者没有将团队的目标有效传达出来；超过 40% 的报告显示，员工们没有从他们的管理者那里收到过关于如何做好工作的明确而正式的回答。华为公司在培训员工的时候，让每一个员工在工作开始前必须弄清楚五个要点：做什么，如何做，做多少，在哪儿做，为什么做。这五点是做好工作的前提。因此制定目标实际上是做好工作的前提条件。德鲁克认为，无论是企业还是个人，并不是投入工作之后才开始制定目标，而是先制定目标，然后才开始进行工作，因为每一个人的工作都需要依靠目标来引领。对于企业或管理者来说，重要的是进行目标管理，要让每一个员工都建立起目标。目标设定清楚了，企业就成功了一半。

什么样的目标才是好目标呢？我们看几个例子：

- **销售收入实现 150 亿元。**
- **努力完成客户开发。**
- **让员工享受幸福。**
- **提高服务满意率。**
- **成为百年老店。**
- **加强与员工的沟通。**
- **在 5 月份完成开发 50 个新客户。**

这七个例子，我们思考一下哪一个或哪几个是目标？答案出乎很多人的意料，只有最后一个才是目标。其他的要么不能量化，要么不明确，要么没有时间限制。好的目标一定要符合 SMART 原则：

- **Specific：明确具体的。**
- **Measurable：可衡量评估的。**
- **Attainable：可达成的。**
- **Realistic：现实可行的。**
- **Timed：有时间限制的。**

符合以上五个原则的目标，才能称得上是一个好目标。

目标必须明确具体、可衡量。设定目标，不能用模糊语言，使用诸如“大力整改、完善工作、加强沟通、世界一流”这样的形容词，这样的目标叫“假大空”，不具体，也不能量化。

目标还需要有可达成性。我们知道一个篮球筐的高度国际上正规的是 3.05 米，为什么是这个数字呢？为什么不是 13.05 米或者 1.35 米呢？3.05 米的高度，篮球运动员可以跳一跳够得着。如果是 13.05 米，没有人能投进去，也就没有人去投篮了。如果是 1.35 米，很轻松地投进去，也就没有什么激情了。目标的难度与员工的动机存在很大的关联性。美国心理学家阿尔伯特·班杜拉通过实验总结出了以下结论：“相当容易的目标不足以引起很大的兴趣和努力，适当困难程度的目标可以维持高的努力和通过该目标成就产生满足感，而超过个人所达到的目标会通过产生失望和非效能感而降低动机。”

目标必须有时间限制。目标就是有期限的梦想。如果目标没有时间限制，就会造成管理人员忙身边紧急的事情，但紧急的事情未必是重要的事情，从而导致忽略了真正有意义的重要目标。

目标与标准、目的有什么区别呢？

目标是明确的、可衡量的努力方向；没有“明确、可衡量”的努力方向，只能说是“目的”或“策略”；没有方向的明确、可衡量要求，只能说是“工作标准”。“工作标准 + 方向”为一个新的目标。

目标与职责有什么区别呢?

职责是说明做什么，目标是说明做到什么程度。职责一般不会发生变化，而目标有可能会发生变化。

目标的两种形式：指标式目标和计划式目标。

指标式目标（又称关键绩效指标）就是我们常说的 KPI（Key Perform -ance Indication）。凡是在工作中能够用额或率表示的都称为指标式目标。比如销售额、回款率、产品合格率、利润额等。指标式目标的标准格式是：指标式目标 = 指标 + 目标值。比如销售收入 1 亿元，销售收入叫指标，1 亿元叫目标值。在企业中公司每年下达的经济指标数据往往就是指标式目标。

计划式目标就是我们常说的 GS（Goal Setting）。指的是所在工作岗位完成基础管理工作，常规日常工作，难以量化的过程性工作，是工作职责范围内的一些相对长期性、过程性、辅助性、难以量化的关键工作任务。我们的年度工作计划、季度工作计划、月度工作计划都属于计划式目标。计划式目标的标准格式是：计划性目标 = 谁在 ×× 时间内完成 ×××× 工作，达到 ×× 标准 / 要求。比如：销售部 5 月 20 日前完成“六一促销卖场”的布置，达到通知附件所要求的标准。

目标分解的三种形式

公司的目标如果设定清晰了，接下来需要进行目标的分解。为何要进行目标的分解？分解目标不但可以形成上下联动的压力传递机制，而且可以把大目标转换为小目标，增加员工完成目标的信心。

那么目标怎么分解呢？目标分解有三种方式：

1. 强压式

目标由上级设定，设定完后不征求员工的意见，无论有什么意见，都必须接受。如果目标完成不了，领导就要换人。有些企业是这样的，尤其是国有企业。

2. 上下沟通式

上级设定目标的时候要跟下属来谈，来商量用什么方法来完成目标，最后能够把这个目标下达给他。比如说某区域为什么定 200 万，是这样这样的，用哪些方法达到，最后 200 万就能完成。最终的结果是让员工心悦诚服地接受目标。

3. 集体讨论

对于你高还是我低大家都会进行攀比，大家一起讨论把目标分解下去，为什么这么做？因为没有绝对的公平。

集体讨论式有两种特殊的做法，第一种叫岗位互换，比如南京和北京的业务员在一起开会时，他们互相抱怨，北京的业务员说，你看南京的业务员才 100 万，我要做 200 万；南京的业务员说，你看北京是首都，才做

200 万，我要做 100 万。他们两个就可以换一下，南京的业务员到北京去，北京的业务员到南京去。当然换不换人要考虑其他的风险因素，这是一个方法。第二个方法叫招标法，把公司每一个市场或者每一个指标列出来，尤其是销售部门，南京的目标是多少，搞个标的出来，高者得。当然，里面有些很复杂的规则，最后这个目标是你自己定的。而你自己定的目标刚好是达成或超出整个公司的目标要求的，就把这个目标分解下去了。

如何科学地进行目标分解呢？目标分解的核心思想是什么呢？大家要记住一句话：

上级的手段措施，就是下级的目标。这句话有什么含义呢？这句话就是指我们每个级别都有每个级别的目标，可是有了这个目标，我们就要去想到用哪些方法去实现这个目标，对上级来讲实现目标的措施，就是下属的有效的目标。

这就是目标分解的体系、目标分解的过程（见图 5-1）。

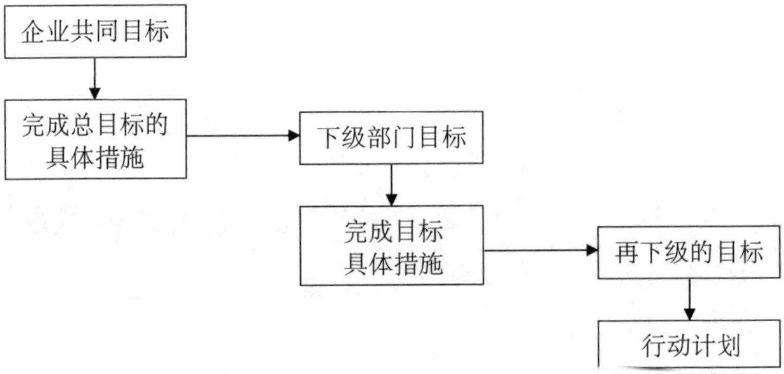

图 5-1　目标分解体系及过程

管理者制定目标的四个错误

管理者为下属设定目标易犯的错误有四个：

1. 好高骛远

管理者在为下属设定目标的时候往往容易贪高，希望目标越高越好，喜欢给员工“放卫星”。如果这个目标员工感觉永远完成不了，这目标设定是没有意义的。如果给员工定一个过高的目标，其结果会是什么呢？其一，大家年底都完不成，大家抱着“法不责众”的心理，让目标流于形式。其二，数据造假。怕领导的考核和惩罚，实在完不成了只能数据造假。

2. 缺乏分析达成目标的策略

没有目标达成路径的管理只能是“空中楼阁”。管理者在为下属制定目标的时候，是否考虑过通过什么样的策略来保证达成这个目标呢？比如企业的经营目标明确了，接下来需要考虑采用什么样的策略让目标达成，可以考虑拓宽销售渠道，做促销计划，考虑怎么样去带动新产品上市，来帮助员工实现经营目标的达成，这个叫资源方法的决策。

为什么一旦明确目标后，接下来要寻找实现目标的策略呢？因为目标只是告诉你从A点到B点，不具备可执行性。能把A点和B点连接起来的就是工作计划。计划才具备可执行性和可操作性。正如德国战略专家哈罗德·孔茨说的一样：“计划工作是一座桥梁，它把我们所处的这岸和要去的对岸连接起来，以克服这一天堑。”而在目标和计划之间起到连接作用的就是策略。没有策略就谈不上计划，所以目标制定完成后，策略就显得很重要。策略是实现目标的保障。但是，管理者只管下目标，不与员工分析策略，只能使目标的实现成为偶然。

3. 不考虑资源支持

前面定了目标，又找到了方法，但实施这个方法可能需要一些资源投入，比如需要研发经费，需要兴建车间，需要购买一些新设备，做一些市场广告，也就是说，需要管理者做一些资源的投入，才可能完成这样一个目标。没有资源，巧妇难为无米之炊。要想让员工跳 5 米，管理者必须至少提供一个 3 米高的梯子，否则员工根本就不会去跳。很多员工之所以不能完成目标，不是能力不足，也不是动力不高，而是缺少资源，其结果就令人沮丧。正如这句话所描述的一样：我本将心向明月，奈何明月照沟渠。有部电影《兵临城下》，讲的是苏联卫国战争的故事。其中有个情节，感触颇深。苏联军官让包括狙击手瓦西里·扎伊采夫在内的新兵去战场上阻击德国人，但是这帮人根本手里分不到一支枪，即便你是神枪手。五六个人才能分到一支枪，冲锋的时候，只能在有枪的士兵后面冲锋，只能等到前面拿枪的人被打死，才能得到枪，所以，结果只能无畏地牺牲。管理者不能只下达任务，不考虑资源的支持。

4. 心太软，容易被下属攻关

前面设定了这个目标，后面在工作过程中，很多下属为了得到绩效高分，就跑过来告诉领导：现在市场状况有多么差，希望把他的目标往下调一调。原来可能是 500 万，现在能不能降到 400 万，这样他就可以得到绩效高分了。领导一听好像也挺有道理的，最后把目标调低了。他也不希望员工绩效分数太低了。一旦你把这个缺口打开了，所有的员工都会有样学样，来向领导攻关，他永远都会找到一个理由告诉你这个目标值为什么太高了。连某个地方打仗了，也会影响宏观经济，也会影响销售收入，最后你也不知道怎么办。心太软，下属要得到什么就往上攻关，向部门经理攻关，部门经理向老总攻关，人们忘记了应该先向市场攻关。

很多人都会提出一个问题，目标制定后到底该不该调？为了维护目标的严肃性，目标一旦确定，就不要随意调整，否则没有人会把目标当回事。所以，即使客观条件发生了变化，也尽量不要去调整。如果必须调，应基于大家都认可的、有目共睹的原因。有些国际大公司，它有一个年度的经营目标，一般在年中，做一个年中回顾，根据年中市场的状况来做一个适当的调整，当然他们也不会对这个指标做一个很大的调整的。除非市场状况造成战略发生变化的时候，才可能要做调整，否则一般不做调整。很多管理者说了，如果真的不做调整，在之前可能真的给某个部门或人的目标值定得太高了。一般的方法是这样的，不改目标同样可以解决这个问题，到了年底时，设立一个专门的奖金，叫作总经理特别奖。这个奖励什么，就是让总经理看到这个员工平时工作很辛苦，非常努力，结果这个目标还是达不到，现在做一个补偿。但是这个补偿也有问题，为什么给他不给我呢。但是总经理特别奖金，总经理说了算，不需讲理由，是他说了算的，其他的按绩效规则算，这样稍稍地做了一个中和的调整，做了一个小小的平衡。但是注意，这个总经理奖励不能太大。

目标分解完成后，接下来要形成一个目标设定单，目标设定单的参考模板如表 5-1：

表 5-1 工作目标设定单

员工姓名：______ 员工部门：________ 员工岗位：__________

序号	月度主要工作目标	考核标准	权重（%）	所需资源	参与评价人	自评得分	上级评分
1							
2							
3							
签字	员工：		直接上级：		目标设定日期：		

在工作目标设定单中，要把握以下原则：

- ◆ 1张表格。用一张表格把所有的目标填写完成。
- ◆ 2个评价人。1个评价人是行政上级，1个评价人是业务上级。
- ◆ 3个目标来源。分别是岗位职责、内外部客户需求、上级目标分解（上、级交办）。
- ◆ 4项资源。允许员工在人、财、物、权力四个方面与上级领导谈条件。
- ◆ 5项衡量标准。目标衡量要从数量、质量、成本、时间、客户（上级评价）方面设定评价标准。
- ◆ 6项工作目标。一个岗位最多设定6项工作任务。

目标达成的“四环八步”

绩效管理是基于过程的管理。目标的达成最终要靠绩效。给下属设定了目标，中间还要干什么？作为管理者，要做过程管理，下属要做工作执行，最后通过这个过程管理跟工作执行来确保绩效的最大化。绩效管理是一个闭环工作方法，它强调过程，通过过程来保证结果的实现，这个过程就是我们讲的“四环八步”。

四环就是PDCA管理循环。它由四个英语单词构成。第一个P就是Plan，计划的意思；第二个D叫Do；第三个C叫Check；第四个A叫Action。这四个英语单词的第一个字母连起来读就叫PDCA管理循环。

PDCA管理循环是美国质量管理大师戴明博士提出来的。1945年，二战结束之后，日本成了一片废墟，整个国民经济全部崩溃。为了振兴日本经济，美国的麦克阿瑟将军派出了包括戴明博士在内的很多专家来到日本指导经济建设。当时很多日本的企业家包括松下幸之助、盛田昭夫、土光敏夫等都亲自聆听戴明博士的教诲。后来日本的经济实现了快速发展，特别是日本的汽车业更是超过了美国。戴明回到美国之后，很多学者、新闻媒体，甚至很多学生跑过去问他：戴明先生，日本经济成功的秘籍是什么？你到底告诉了日本人什么秘诀？戴明先生哈哈一笑说：“日本为什么在这么短的时间里一跃成为世界经济大国？是因为日本人能够做到每天进步一点点。”他所说的每天进步一点点就是，日本用这个PDCA管理循环，每天设定一个小的目标，完成后又设定一个大一点儿的目标，再设定一个大一点儿的目标，不断地循环，通过三十多年的努力，日本的很多产业终于成为世界第一。

八步就是PDCA四个环节中包含了八个小步骤，如图5-2：

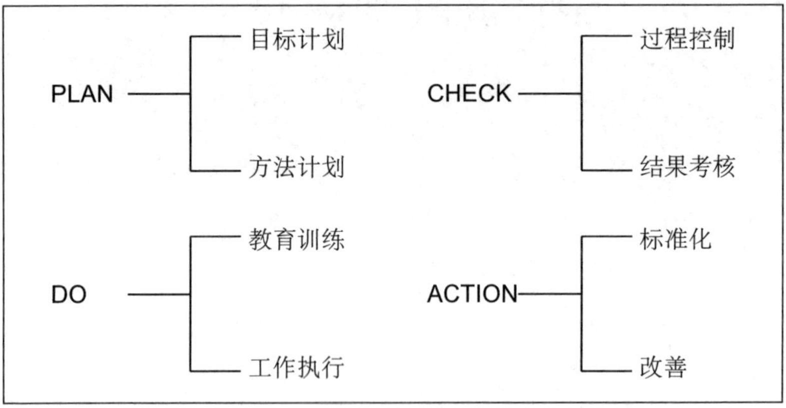

图5-2 PDCA中的四个环节

我们把八个小步骤形成一个绩效循环，如图5-3：

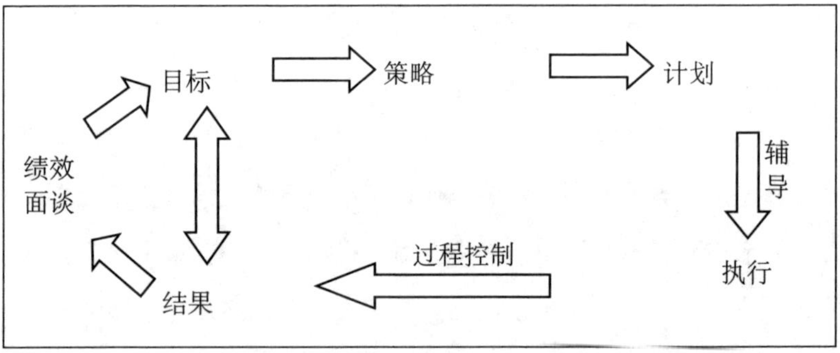

图5-3 PDCA中的绩效循环示意图

1. 目标

绩效管理的起点就是目标，目标要设定清楚，还要符合SMART原则。

2. 策略

策略是完成目标的想法，是个主意，相对比较笼统，策略必须要转化为计划。

3. 计划

计划就是合适的人在合适的地方、合适的时间做合适的事情。工作计划是策略的具体化，是为了保障最终目标的实现。

精心编制的工作计划是实现目标的先决条件。在《孙子兵法》上对计划的重要性有这么一段话："夫未战而庙算胜者，得算多也，未战而庙算不胜者，得算少也。多算胜，少算不胜，而况于无算乎！"计划就像梯子上的横档，既是你的立足之地，也是你前进的目标。计划阶段就是起步阶段，是成功的真正关键阶段。巴顿将军说："要花大量的时间为进攻做准备。一个步兵营进行一次配合很好的进攻，至少需要花两个小时的准备时间，匆忙上阵只会造成无谓的伤亡。""在战争中，没有什么不是通过计算实现的。任何缺乏细致、合理的计划的行动都不会取得好的结果。"彼得·德鲁克曾经这样告诫经理人："经理人是实干者，他们的任务就是执行。知识在转化为行动之前，对于经理人来说是毫无用处的。但是，在付诸行动之前，经理人必须规划好自己的路线。"

好的工作计划要符合 5W2H：

W1——Why：为什么。

W2——What：做什么。

W3——When：什么时间开始，什么时间结束。

W4——Where：在哪里做。

W5——Who：谁执行，谁检查。

H1——How：怎么做。

H2——How much：做到什么程度。

4. 辅导

员工绩效的达成，必须有完成目标的能力，管理者需要盘点员工能力的短板，提供提升员工能力的辅导。

5. 执行

计划明确了，能力具备了，接下来就是计划的执行。执行的时候必须给员工执行的流程和标准。

6. 控制

在结果和执行中，管理者必须对过程进行监控，需要不断地跟进和检查。员工的能力是逼出来的，执行力是盯出来的。正如美国国际商业机器公司前总裁路易斯·郭士纳所说："人们不会做你期望他做的事，只会做你检查的事。"只布置工作，不注重跟踪，是执行的大忌，检查、检查、再检查。

7. 结果

明确的目标，适当的策略，详细的计划，针对性的辅导，严格的执行，有力的控制，最后就是保证结果的最大化。

8. 改进

有了结果之后需要进行改进，也就是要做复盘。与结果进行对照，看是达到或超过目标，还是与目标有差距。如果达到或超过了目标，看是什么原因导致的，下次再做的时候可否借鉴；如果与目标有差距，需要寻找差距在哪里，并制订相应的改善计划。改进就是复盘的过程，按照复盘的四大步骤来进行：回顾目标、分析现状、寻找原因和总结规律。在改进的阶段，不是员工和管理者独自进行复盘，需要管理者和员工一同进行复盘，需要进行沟通和面谈。

在这八个步骤中，我们想一下哪个步骤最重要。有人认为是目标，有人认为是控制，还有人认为是改进……对于绩效管理整个系统而言，正确的答案是都重要，一个都不能少。如果少了一个步骤，这个绩效飞轮就旋转不起来。我们都看过金庸先生的武侠剧《射雕英雄传》，在里面有种非常厉害的武功就是“降龙十八掌”。“降龙十八掌”最厉害的一招是哪一招？是最后一招“亢龙有悔”。这一招是怎么来的呢？其实就是前十七招的融会贯通。这说明什么问题呢？只有系统的威力才最大。练武功也好，做管理也好，必须形成一个系统。成本管理、财务管理、营销管理，要想发挥最大的威力，必须形成一个管理闭环。俗话说“通则不痛，痛则不通”，很多企业的“绩效之痛”来自“绩效不通”，根本没有形成一个闭环。我给很多企业做绩效辅导的时候，一般都会给他们一个通用的方法，这个方法也非常奏效。目标可以调整，指标也不用优化，回到公司把八个步骤从头到尾做一遍，先把绩效管理的“任督二脉”打通，效果就会慢慢地出来了。

编制绩效计划三步骤

在绩效管理的四环八步中，前面三个步骤分别是目标、策略和计划。绩效计划的制订有三个步骤：

第一个步骤：与下属设定绩效目标；第二个步骤：分析完成绩效目标的策略或者方法；第三个步骤：要制订可执行的行动计划。

第一个步骤是与下属设定绩效目标。需要管理者在这一步骤当中要明确下属目标的定义、目标值、权重、数据来源和评分标准，最终要形成一个目标管理卡。

第二个步骤是分析完成绩效目标的策略或者方法。在这个步骤当中，还有三个小步骤：

1. 列出尽可能多的完成绩效目标的策略

我们知道方法永远比困难多。所谓的困难就是结果与预期有差距。有了这个困难，接下来就想出解决这个困难的方法，方法可能是一千种、一万种，尽可能多地想到可能用到的方法，在这一小步中，追求方法的数量，不求方法的质量。

2. 对这些候选的策略进行可行性分析

在第一个小步骤中，我们穷尽了所有解决目标与实际有差距的方法，但这些方法我们是否都要选择呢？答案是否定的。因为我们的资源是有限的，所以只能选择效果好、成本低、可行性强的方法去落实。所以，在这个小步骤中需要对这些策略进行分析。

第二个小步骤是选择出最佳的策略。在这个小步骤中需要按照一定的标准，对策略进行分析后选择最佳的策略来落实。

策略提出、策略分析、策略选择如何操作呢？

策略提出的四种方式：

第一，由上司提出。什么情况下会让上司提出来呢？可能下属没有什么工作经验，他不知道该怎么做，甚至你跟他谈话的时候，他连嘴都插不进去，也没有什么看法。这个时候，上司有必要告诉这个下属“你要做什么，做什么，做什么”，这个做什么就是你要关注什么样的策略，一项一项把它列出来。

第二，由下属提出。如果下属是一个很有方法和能力的人，同时也很有主动性，经验相对又比较丰富，这个时候最好让下属把他的策略跟你说一说。如果你觉得没有什么大问题，对下属的方案表示认同就行了。这有什么好处？好处就在于给予下属适当的授权，发挥了下属的能动性。他自己想的方法，他肯定能够实施得很好而且也是他最习惯的，所以这种情况下，由下属提出就可以了，但是上司可能会过问一下。

第三，由上下级共同讨论。一个好的策略不一定掌握在领导者手中，在很多情况下基层员工比领导更有发言权。这个时候，需要上下级进行讨论。通过上下级的互动交流、相互激发，说不定能找到解决问题的好办法。

第四，头脑风暴。“头脑风暴”，又叫“群策群力”。“头脑风暴法”是广泛应用于团队的一个产生想法和解决问题的方法。为了使头脑风暴达到预期的效果，在整个过程中要把握四个原则：绝不批评，意见越多越好（重数量），自由联想和借鉴他人想法自由发挥。在头脑风暴中，需要把握五个小技巧：确定问题、激发创造、平等贡献、分享讨论、综合分类。

策略分析。可以采用策略矩阵图进行分析（见图 5-4）：

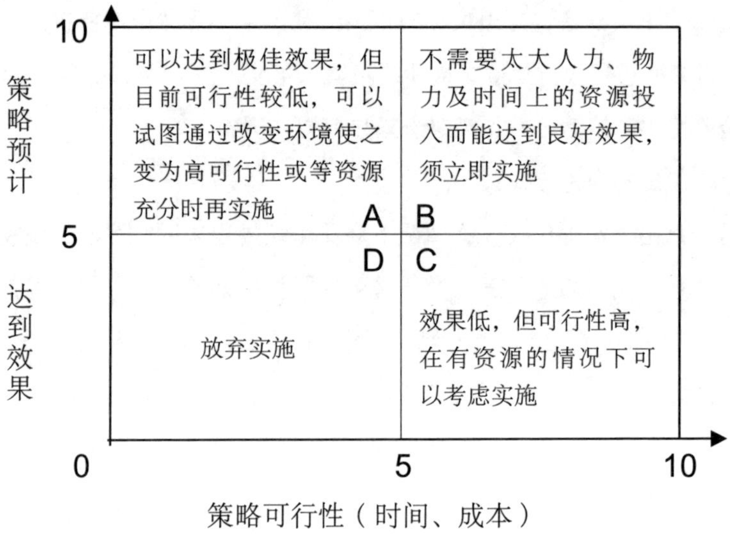

图 5–4　策略矩阵图

我们可以把第一个小步骤中的所有策略放到这四个象限中，然后按照A、B、C、D 四个象限把所有的策略进行归类。

策略选择。在四个象限中我们优先选择 B 象限中的策略。为什么呢？因为可行性最高，效果也最好。其次选择 C 象限的策略，因为虽然效果不是太好，但是可行性最高，改变要从容易的地方开始。再次选择 A 象限的策略，这个象限的策略需要长期去实施，虽然效果好，但是目前可行性并不高。

3. 要制订可执行的行动计划

行动计划是绩效目标完成的一个重要的步骤。那么行动计划怎么做？计划就是合适的人在合适的时候、合适的地点，按照合适的标准来做。计划做出来以后，要让员工看得到，需要做成一个计划看板。把计划一项一项地在办公室白板上写出来，然后每次做完一项擦掉一项，把这个白板擦干净代表着这个月工作就要完成了。计划看板当中，所谓看板就是目视化，把工作计划贴到墙上，让管理者和员工能够随时看到。

我们可以看一下这个策略行动计划表（表 5-2）：

表 5-2　策略行动计划表

序号	指标	策略	具体工作	完成时间	负责人	具体要求	评分标准	结果陈述	得分
1	业务收入增长额 1000 万元	提高客户经理的活动率	拜访目标客户	每天（除非有具体安排）	每个客户经理	每天至少完成 5 个；每个都要填写拜访记录表	拜访数每少 1 个扣 2 分；每缺 1 份记录表扣 2 分		
2		提高客户经理业务水平	业务培训	每周一下午半天	每个客户经理	有全年 / 月计划，培训时要有记录表	每缺一个月计划表扣 2 分；每缺一份记录表扣 2 分		
3									
4									

绩效过程的控制方法

过程检查，检查什么东西？检查你前面设定的工作计划是不是按时、按质、按量完成了，检查的核心就是看员工的行为怎么样。过程检查有九种方法：

第一种，经营分析例会。

第二种，项目评审会。

第三种，企业例会、部门例会。

第四种，临时性的工作检查。

第五种，检查工作计划看板。

第六种，巡视：卖场、客户。

第七种，定期或者不定期工作汇报：面谈、邮件、电话、视频。

第八种，小单位的晨会。

第九种，工作记录表。

1. 经营分析会

经营分析会是企业和部门进行业绩盘点的会议。这个会议目的就是对照目标分析结果，寻找达不成目标的原因，并制定相应的改进对策。每月、每季度、每半年都要召开公司和部门经营分析会，其目的就是及时发现问题，及时进行纠偏。很多企业缺乏月度、季度和半年度的经营分析，每年年底只分析一次，这样即使发现了问题，也根本没有时间去纠偏了。

2. 项目评审会

在企业项目管理当中，有些项目周期比较长，如果在项目结束的时候只对项目进行评审，显然不太适合。为了保障项目顺利进行，需要在项目重要节点对项目进行评审。

3. 企业例会、部门例会

企业例会和部门例会可以和经营分析会一块儿开，也可以单独开。例会的目的就是对计划的执行情况进行检查和评定，对最近出现的好人好事进行及时表扬和肯定，对近期出现的不良行为进行及时纠偏。

4. 临时性的工作检查

临时性的工作检查一定要“带着笑脸”。其目的就是让员工感觉检查的目的不是为了考核，而是为了提供帮助。如果领导绷着脸去检查，员工就会把很多问题掩盖起来。在这一点上，杰克·韦尔奇发明了一个检查方法，叫“深潜”。杰克·韦尔奇说：“如果这个行动需要我格外关注时，我就要深度潜水，甚至很细节的东西我都要关注。这种关注不是说我要去指挥你们什么，我可以帮助你们出主意，提出我的意见，因为我有经验，我们一起来把这个事情做好。”

在韦尔奇的“深潜”艺术中有五个关键词：“参与”“融合”“兴奋”“方向”“争论”。请注意，是平等的“参与”，而非“唯我独尊的指示”；是忘我的“融合”，而非“君临天下的震慑”；是由衷的“兴奋”，而非“抑扬顿挫的官腔”；是“方向”的把握，而非“事无巨细的过问”；是自由的“争论”，而非“自作聪明的拍板”。最终归于一点，那就是对下属“全力帮助”的深潜心态！试想，我们有多少轰轰烈烈的“现场办公”，不是不疼不痒，就是适得其反？天壤之别就在于我们领导的不同心态。切记，“帮助”的心态是深潜成功的基础。

5. 检查工作计划看板

把工作计划列进看板，管理者留意一下哪个工作计划时间到了，就去检查一下看看是不是完成了。检查工作看板，就会提醒管理者关注什么事情，这也是一个过程检查的方式。

6. 巡视：卖场、客户

巡视就是走动式管理。走动式管理不仅仅检查计划，还包括检查平时的一些工作行为。

作为管理者，不能总是坐在办公室里面下指示、听汇报，需要到现场去发现问题，解决问题。在这一点上，麦当劳有一个“无靠背的椅子”，说的就是让管理者走动式管理。

麦当劳曾面临过严重的亏损危机。经过调查，雷·克洛克（麦当劳创始人）发现其中一个重要原因是：公司管理人员官僚主义突出，习惯靠在舒适的椅背上指手画脚，把许多时间耗费在抽烟和闲聊上。为了改变这种现状，雷·克洛克要求所有管理者把椅子背全部锯掉。刚开始，各位管理者不懂得雷·克洛克的用意。过了一段时间，管理者们才发现雷·克洛克是希望每一名管理者不要舒服地坐在办公室里，而要在店里多走动，要善于去发现问题，努力去解决问题。

麦当劳的管理者们把这种在走动中完成的管理称为“走动式管理”。从某种意义上讲，麦当劳餐饮帝国的缔造，与这一管理理念密不可分。

7. 定期或者不定期工作汇报：面谈、邮件、电话、视频

定期或不定期的工作汇报应该成为一项管理制度。通过汇报可以让员工进行自我的控制和约束，也使管理者对员工的执行情况有所了解，并可以进行适当的指导和纠偏。报告的方式可以多种多样，可以面谈，可以发邮件，可以是电话，也可以是视频会议。

8. 小单位的晨会

作为车间、部门或者班组，每天早上开个晨会，对昨天的工作进行总结，对昨天的好人好事进行表扬，对存在的问题及时纠偏，同时可以用晨会激励一下大家的士气。

9. 工作记录表

工作记录表可以记录员工的日常行为情况，也可以记录计划的完成情况。通过检查工作记录表，可以实时跟踪员工的日常行为表现，也可以从记录中发现员工存在的问题，及时对问题提出改进意见。

激发动力的绩效面谈

绩效面谈就是在绩效考核后，在双方约定的时间里，反馈绩效的考核结果，并就绩效结果进行分析总结，总结成功的经验，检讨失败的教训，做出下一阶段的改善计划，并鼓励不断改善、不断进步的面谈方式。

绩效面谈不等同于绩效沟通。其区别有哪些呢？第一，时间不同。绩效面谈是在绩效结果出来以后；而绩效沟通存在于整个绩效管理的八个步骤当中。第二，目的不同。绩效面谈的目的在绩效改进；而绩效沟通在不同阶段其目的也不同。第三，形式不同。绩效面谈的方式是面对面；而绩效沟通的方式不限于面对面，也可以采用电话、书面、会议等方式。那么，绩效面谈与绩效沟通是什么样的关系呢？

为何要跟员工做绩效面谈呢？饮誉北美的绩效管理专家罗伯特·巴克沃先生指出：绩效管理工作是同员工一起完成的，并且最好以共同合作的方式来完成，因为它对员工、管理者和企业都有益。绩效管理是一种防止绩效不佳、共同提高绩效的工具。最重要的是，绩效管理意味着：管理者同员工之间，持续地双向沟通。它是上下级共同学习和提高的过程。可见，作为绩效沟通的重要组成部分的绩效面谈，在绩效管理中扮演着举足轻重的角色。绩效面谈的价值主要体现在：

1. 让绩效管理回归本质

绩效管理的本质在于通过绩效标准设定、在职辅导、绩效评估、绩效面谈等，改善员工的工作表现，以达到提升企业经营业绩的目标，同时亦有助于提高员工的满意程度以及指引员工未来的发展。绩效管理不是员工奖罚的工具，不是纠缠员工的过去，与员工算旧账，而是帮助员工改善工作表现的一把标尺。绩效管理推行成功的保障在于绩效飞轮（PDCA）①的飞速旋转。只有通过绩效面谈，绩效改进的方向才能够让下属更清晰，并上下达成思想的一致，下一步的绩效目标和计划也就能很快形成，绩效管理才能真正起到作用！

2. 让管理者体现效能

世界著名的管理大师彼得·德鲁克指出，“管理者的五项工作：制定目标、组织工作、激励和信息交换、建立绩效衡量标准、培养他人（包括自己）。”管理者是员工的绩效伙伴，没有管理者的支持，员工的绩效是很难达成的。绩效考核不只是员工本人的事情，而是管理者与员工之间共同参与，双方互动的结果。

管理者在绩效管理中需要充当四个角色：绩效目标的制定者、绩效过程的监控者、绩效的辅导者和绩效改善计划的制订者。绩效面谈就体现了管理者绩效辅导者、绩效改善计划制订者的角色。可以说，如果没有绩效面谈，管理者的五项工作中的制定目标、激励员工和信息交换、培养他人的工作就会被忽略。

3. 构建和谐的人文文化

杰克·韦尔奇在美国通用电气提出了著名的“韦式管理法”，简称“FORCE”。其中的“C”就是沟通(Communication)。在公司内的沟通分为正式沟通和非正式沟通两种形式，绩效面谈属于正式沟通的主要形式。有效的绩效面谈，可以为下属创造向上级提供意见或反馈的机会，摒弃了那种只是由公司领导层向下属发布命令的单向沟通模式，这种双向的沟通

① PDCA四个字母分别代表：P(plan)，计划；D(do)，执行；C(check)，检查；A(action)，改进。

模式，不仅有利于提升管理效率，加强上下级之间的感情交流，还可以提高员工的工作积极性，构建和谐的企业文化。同样，在管理学界非常著名的“霍桑试验”，也揭示了给予下属倾诉的机会可以大大提高员工的工作效率和企业归属感。

在实际的工作中，很多管理者要么不重视绩效面谈，要么不会绩效面谈，使绩效面谈走了样、变了形，谈完之后发现还不如不谈。下面是一个管理者牛经理与下属小马的绩效面谈，看有什么问题。

牛经理：“小马，你去年全年总体干得还不错，工作成果基本上可以接受，有些方面获得了明显的成绩，这些成绩和你的进步大家都清楚，我就不细讲了。可小马，你的问题也不少啊！尽管我们商定的任务完成得还可以，但你在很多方面的技能却还较欠缺，以后应多注意点儿。”

小马：“我想知道，您刚才说很多方面能力差，具体指什么？”

牛经理：“你自己都不知道吗？小马，你从来没有给我分过忧，还惹过不少麻烦！这一点你应该很清楚！”

小马：“我……”

牛经理：“你不要强词夺理了！回去好好反思一下，下一步如何改进！”

小马：“我全年的工作全部都按要求完成了，考核结果应该……”

牛经理：“应该怎样？咱们部门总共不足20人，谁好谁差，谁哪方面强、谁哪方面弱，我还没有数？你还是回去自我反思一下吧！”

小马一头雾水，悻悻而去。

从这个案例中我们可以看出，小马一头雾水的原因在于不知道自己绩效考核的结果是什么，也不知道自己的技能欠缺在哪里，更不清楚如何去改进，“猜谜语”只会让下属对绩效面谈，甚至对企业绩效管理工作的推进产生逆反心理。

在绩效面谈中，作为管理者要避免四大误区：

第一大误区：不能把绩效面谈当成对员工的审问。绩效面谈是员工与管理者之间一种真诚的交流，其目的是帮助员工改进绩效。所谓绩效面谈，强调的是“对谈”，双方位置是平等的，需要进行一种对话。在面谈当中，管理者切不可把自己凌驾于员工之上，对员工进行审问，甚至训斥。

第二大误区：不能把绩效面谈当成一种对质。对质是管理者和双方各自举证，对问题真相进行辩解。当然，在大是大非面前对质是没有任何异议的。不过，在绩效面谈中双方就一些细枝末节、无关紧要的东西去较真，既浪费时间，也不能达到面谈的目的。管理者让下属多在意下一阶段的绩效提升，不要在所谓的公平性方面纠缠不清。

第三大误区：不能把绩效面谈当成猜谜语游戏。绩效面谈的目的是改进，改进之前必须知道自己的问题在哪里。如果连错在什么地方都不清楚，那怎么去改进呢？绩效面谈就是要明确地告诉员工，绩效考核的分数是多少，做得好的地方在哪里，做得差的地方在哪里，好的地方继续保持，而差的地方如何改进。让员工明明白白、清清楚楚。但是有的管理者却把绩效面谈当成了猜谜语的游戏。

第四大误区：不能把绩效面谈当成终极判决。绩效面谈从实质上是为了激励员工，提升员工下阶段的工作表现，而不是给员工“贴标签”。绩效面谈要对事不对人，不能对员工的人格做出裁决，绝不能说员工是一个没有责任心的人，一个智商太差的人，一个懒惰的人，一个白混工资的人，否则会大大挫伤员工的工作积极性，伤害了员工的自尊心。

成功的绩效面谈有六大步骤。这六大步骤如图 5-5 所示：

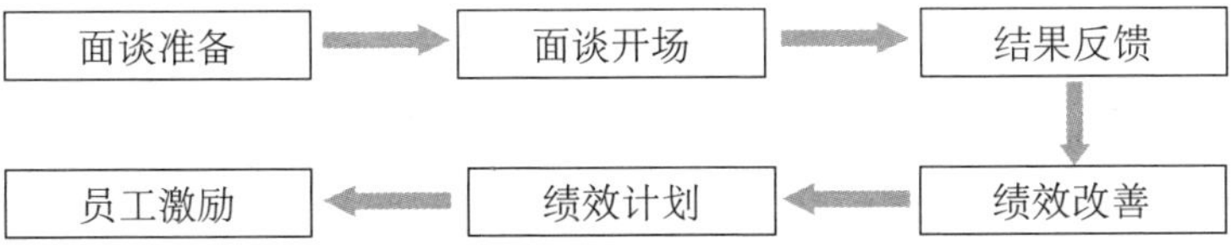

图 5–5　成功绩效面谈的六大步骤

第一步：面谈准备

在面谈之前，作为管理者和员工都要做好准备，使面谈最大限度地获得成功。要做好哪些准备呢？要做好四项准备：时间、地点、资料和心情。

（1）时间准备

管理者在与员工做绩效面谈之前，应至少提前半天告知员工。这样管理者和员工都可以提前把手头的工作处理一下，准备好面谈的时间，也要保证面谈过程中不被干扰，切不可在没有提前通知员工的情况下突击面谈。

（2）地点准备

为保证面谈不被干扰，管理者需要找一个相对比较安静的场所与员工进行绩效面谈。比较理想的地点是会议室、洽谈室。最好不要在办公室里面，因为一是会被别人干扰，二是让员工感觉到压抑，不能放松心情做绩效面谈。另外，在做绩效面谈的时候，座次要提前准备好。座次如何设计比较合理呢？以下四种座次，分析一下哪种座次是比较合理的呢（见图 5-6）？

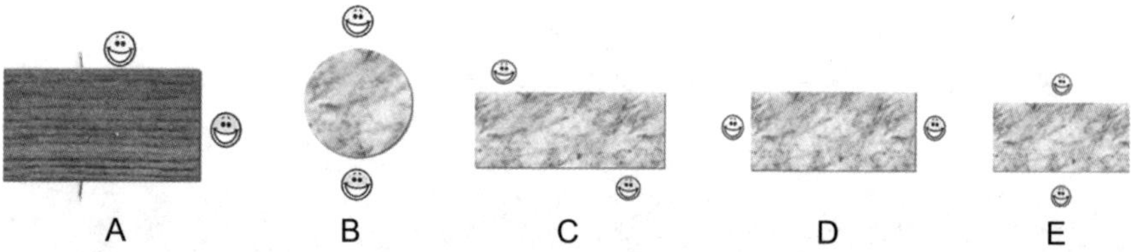

图 5-6　座次设计

以上五个座次中前两个座次是比较合理的。后三个座次，一般不采用。

（3）资料的准备

管理者在面谈之前要把员工的目标管理卡和日常行为记录表准备好，目的就是要做到“言之有物”。不能靠主观进行判断，有翔实的资料也容易让员工信服。

（4）心情的准备

“先处理心情，再处理事情”。管理者要平复好自己的情绪，不要在愤怒、急躁的情况下与员工进行面谈，否则容易把坏情绪带到面谈中，让面谈走向失败。

第二步：面谈开场

管理者为了让员工能够放松心情进行面谈，在正式面谈前需要“暖场”。怎么暖场呢？可以从对方感兴趣的话题谈起。如果对方喜欢足球，那就从足球谈起；如果对方喜欢读书，那就从一本书谈起；如果对方喜欢唱歌，那就从一首歌谈起。如果实在找不到对方的兴趣点怎么谈呢？可以寒暄。总之，通过开场让员工不要紧张，能够敞开心扉去与管理者进行面谈。

第三步：结果反馈

管理者必须把上月的绩效成绩明明白白地告诉员工，包括哪些地方得分了，哪些地方扣分了，不能让员工猜测。只有让员工知道哪些地方做错了，下个月才知道怎么去改进。在有些企业中，采用背对背的绩效考核方式，不把绩效分数告诉员工，更不会告诉员工得分和失分的原因，让员工一片混沌。为什么管理者不去反馈结果呢？其中一个重要原因就是不敢告诉员工，因为这个分数不是“算”出来的，不能做到量化，而是“打”出来的，主观评价出来的，经不住员工的“推敲”。如果绩效考核不能做到公开、公平和公正，根本起不到激励作用。

第四步：绩效改善

在找到了员工扣分的地方之后，接下来需要帮助员工分析达不成目标的原因，拟定绩效改善的策略，通过制定策略帮助员工提升下一阶段绩效成绩。在分析员工绩效不达标的原因中，通常要从以下几个方面来分析：第一，目标过高。定的这个目标太高了，高到无论怎么做都完不成；第二，策略不当。所选用的策略不能有效地保证目标的实现。第三，计划不当。这个计划制订没有踩到点上，不是在合适的时间、合适的人在合适的地点做合适的事情，这一切都不合适。第四，能力不够。工作的执行者能力不够，造成这个工作没有做好。第五，执行不力。可能是员工执行不力，也可能去做了，但是并没有用心去做，没有好好地落实。第六，检查不严。管理者在过程控制中检查不严，过程失控了。

这六大原因可能造成达不成预期的目标。在分析原因的时候，第一个原因可能是目标过高，但是一般情况下不要过多地强调这个目标过高的因素。如果要强调目标过高的因素的话，最后所有的原因都会落到目标过高这个原因上，让员工认为其完不成的原因就是领导给的目标太高了，不关自己的事。其实要更多地分析没有达成目标的个人因素，就是主观因素，而非客观和外界因素。

第五步：绩效计划

把绩效改善策略转化成具体的行动计划，并形成绩效改进计划表，落实到下阶段的工作当中去（见表 5-3）。

表 5-3　绩效改进计划表

王华绩效改进计划表　　　　制订计划时间：2018 年 2 月 5 日

姓名		王华	职位	销售代表	
直接主管		刘利	部门	客户一部	
客户沟通技巧	与客户沟通是销售代表的主要工作，本人在这方面有较大的欠缺	客户沟通评估分数 2.5 分	3.5 分	·参加“有效的客户沟通技巧”培训 ·自己注意体会和收集客户反馈 ·与优秀的销售人员一同会见客户，观察学习他人与客户沟通是好的做法	2018 年 3 月

续表

姓名		王华	职位	销售代表	
直接主管		刘利	部门	客户一部	
电信产品专业知识	销售人员需要了解较多的产品知识，而本人以前对这些方面的知识接触甚少	专业知识评估分数 3 分		·阅读有关的书籍、资料 ·参加产品部举办的培训班 ·向他人请教	2018 年 5 月
撰写销售报告	销售人员需要以书面的形式表达销售情况，与主管和同事交流信息	销售报告评估分数 3 分		·学习他人撰写的销售报告 ·主管给予较多的指点	2018 年 9 月

第六步：员工激励

最后一步就是给员工打气。对员工的能力做出肯定，并表示出殷切的期望。

以上是绩效面谈的六大步骤，管理者如果按照这六大步骤去面谈，相信就不会有太大的问题。

在绩效面谈当中，管理者不可避免地要指出员工存在的问题，甚至需要批评员工，为防止员工出现逆反心理，管理者需要掌握一个 BEST 反馈原则。

BEST 反馈原则又叫“刹车”原理，是指管理者指出问题所在，并描述了问题所带来的后果之后，在征询员工想法的时候，管理者就不要打断员工了，适时地“刹车”，然后以聆听者的姿态，听取员工的想法，让员工充分发表自己的见解，发挥员工的积极性，鼓励员工自己寻求解决办法。最后，管理者再做点评总结即可。

BEST 反馈法则如何做：

（1）B——Behavior description（行为描述）

行为描述：是指具体地描述员工的工作行为。

要点 1：具体，描述相关的行为（所说、所做），而不是模糊概括。

举个例子：

某公司市场部的小周在制作标书时候犯了一个错误。

正确的描述："小周，8 月 6 日，你制作的标书，报价又出现了错误，单价和总价不对应，这已经是你第二次在这个方面出错了。"

错误的描述："小周，你太不细心了，工作又出错了。"

要点 2：对事不对人，描述而不是判断。

举个例子：

"小王醉酒"。

判断式的反馈："小王喝醉了酒来上班，还酗酒滋事，闹得公司鸡犬不宁。"

描述式的反馈："小王喝了酒，满身酒味，走路东倒西歪，碰倒了桌子，文件撒了一地，说话声音很大，引起了很多人的关注。"

第一种是判断，判断性的语言很容易让员工感觉你是在指责他，内心会有抵触的情绪，而第二种描述的是客观的事实，也会引发员工自己得出行为好与坏的结论，相比较而言，第二种更容易让员工接受。

（2）E——Express consequence（表达后果）

表达后果：描述这种行为所带来的后果。后果的描述可以分成两个维度：一是给公司带来的不良后果；二是给自己带来的不良后果。

要点：客观，准确，不指责。

接着上一个小周标书出错的例子，看怎么来表达后果。

正确的表达方式："小周，你的工作失误，使销售员的工作非常被动，给客户留下了很不好的印象，这可能会影响到我们的中标及后面的客户关系。同时，也会影响你自己的绩效成绩！”（给组织和自己带来不良影响）

我们再看一下错误的表达方式：

错误的表达方式1：“小周，你的工作失误，会给公司带来巨大的经济损失！”（不客观、不准确）

错误的表达方式2：“小周，你的工作失误，简直是公司无法容忍的低级错误！”（指责）

（3）S——Solicit input（征询意见）

征询意见：管理者倾听，从员工的角度看如何解决这样的问题。

要点：停顿，目的是让员工思考；保持一种聆听的姿态；采用启发员工的沟通方式。

还是接着上面小周标书出错的案例，看如何征询意见：

正确的表达方式：“小周，你怎么看待这个问题？准备采取什么措施改进？”

管理者停顿！保持一种聆听的姿态，准确聆听小周的答案。

小周：“我准备……”

错误的表达方式：“小周，我觉得你应该……”（不停顿，直接告诉员工答案）

（4）T——Talk about positive outcomes（着眼未来）

着眼未来：提出建议及这种建议的好处。

要点：认可、鼓励、利益，不默然、指责。

还是上一个案例。

着眼未来可以这样表达：“很好，我同意你的改进意见，这样的话，我觉得不但可以提高我们部门的服务水平，也有助于提升你个人的绩效！希望在以后的工作中，你能做到你说的那些改进措施。”

错误的表达方式 1：“好，就这样吧！”（默然）

错误的表达方式 2：“凭你的能力，也只能想出这样低能的方法了！真是拿你没有一点儿办法！”（指责）

我们再通过一个案例，按照 BEST 法则的四个步骤串一下：

假设你是公司财务部门的主管，手下的一名会计工作屡次出现问题，你应该怎么对他进行反馈呢？

B（行为描述）：“王会计，这是你当月第二次应收账款核算出错。”

E（后果表达）：“这不但影响你这季度的表现，而且让销售部对财务部的意见更大了。”

S（征示意见）：“你觉得应该怎么改进呢？”

Stop（停顿）。

T（着眼未来）：“这样对你和部门的形象都有帮助，值得考虑。”

这样一个绩效面谈就结束了。这个流程很自然，让员工明白影响其工作绩效的问题出在哪里，并提出改进措施，为今后的绩效改进做好准备。

第六项修炼 团队合力的凝聚者——统一步伐，凝心聚力

大成功靠团队，小成功靠个人。

——比尔·盖茨

THE SIXTH PRACTICE

团队建设的基础是文化

高效团队首要特质就是具有灵魂，灵魂在企业内部可以被定义为企业文化。文化对团队的作用就是老子所说的“柔弱似水，清静无为”。看不到，摸不到，就像弥漫在我们周围的空气一样，但是我们却一刻也离不了。如果把企业比作人体的话，资金是骨架，产品是血液，人才是肌肉，那么文化就是灵魂。如果一个人没有了灵魂就是一具僵尸，如果一个企业没有文化就是一群乌合之众。

企业文化是企业的灵魂和软指令。日本东芝的创始人土光敏夫曾经说过：“一个富于创造的企业，必定有它的理想，正是这个理想，向未来显示出这个企业对社会的意义。团队成员们将从这个理想中看到自己作为集体一员的意义。正是从这里，人们感受到生活的意义。”企业文化是一种凝聚力、导向力和激励力。制度只能约束员工几个小时，但是文化可以感召人生。金钱激励短视，文化激励长远。正如任正非所说：“物资资源可以枯竭，只有企业文化才生生不息。”

有个三个石匠的故事：

有个人经过一个建筑工地，问那里的石匠们在干什么，三个石匠有三个不同的回答。

第一个石匠回答：“我在做养家糊口的事，混口饭吃。”

第二个石匠回答：“我在做最棒的石匠工作。”

第三个石匠回答：“我正在盖一座教堂。”

第一个石匠是为钱而工作，第二个石匠是为兴趣而工作，只有第三个工匠是为使命而工作。无疑只有第三个石匠的工作是最有动力，最不计较个人得失的。所以，文化能够让员工感到在这里工作有比钱更重要的东西。领英《2017 中国人才趋势报告》显示：我们的调研数据与科学研究结果一致。研究显示，一旦钱不再是问题，真正驱动我们的是三个因素：自主、精通、目标。“自主”是渴望掌控人生走向，“精通”是渴望不断学习精进，“目标”则是渴望有所成就和贡献。这三种需求是员工选择留任或离职的根本动机，与他们沟通时应铭记在心。管理者要明确公司的使命和价值观，以及这一职位为何对于团队、公司乃至更多人而言至关重要。员工希望日复一日的工作不止关乎个人，而是与公司的文化和愿景相契合。

到底什么是企业文化？企业文化是共同的价值观、共同的思想、共同的未来，共同思考问题的途径以及解决问题的方式。如果在团队内部，价值观不一致，思考问题的途径不一致，解决问题的方式不一致，其结果就是相互之间抱怨、扯皮，不能形成一种合力。在文化中，最核心的是价值观。价值观是人们对事物的重要性的主观判断，是人的行为的基本驱动力，是获得知识、掌握技能、形成态度和倾向，进而形成世界观的基础。价值观可以影响员工的思维方式，可以影响员工的工作态度，甚至会影响员工的工作行为。

杰克・韦尔奇说过：远离错误的使命感和价值观，否则你会丢掉自己的工作。公司的使命感与价值观必须融为一体、共同发挥作用，才能奠定成功之本。这二者应该是相互促进的。使命和价值观相背离的这些情况听起来也许是不要紧的、暂时性的，但如果撒手不管，它们会真正损害公司的利益。事实上，在最糟的情况下，这种背离完全可以毁灭我们的事业。著名的安达信会计师事务所与安然公司所发生的一切，就属于这类危机。

安达信事务所是在差不多一个世纪以前成立的，它把建立世界上最受尊重和最可信赖的审计公司作为自己的使命。这是一家以有勇气说“不”为傲的公司，即使那样意味着要失去客户也在所不惜。它成功地聘用了许多能干、正直的注册会计师为自己工作，给他们丰厚的回报，也从中获取了世界各地的企业与监管机构的信任。

接下来，20 世纪 80 年代的繁荣时期到来了。而安达信也决定进军咨询产业，这项事业让很多人感到新鲜、兴奋，不必说也将给公司带来巨大的利益。他们开始聘用更多的 MBA 毕业生来工作，并不断地给这些人增加薪水，因为那是咨询业的规律。1989 年，公司实际上分成了两个部分：一个是传统的审计事务所，名为安达信会计师事务所；另一个则是安达信咨询事务所。二者都在同一个公司品牌下运转——安达信全球事业。

与会计师行业崇尚的正直、诚实不同，咨询公司更鼓励创新，大力奖赏积极进取的推销员精神，它的顾客类型也因为项目的不同而变化。尤其是到了 20 世纪 90 年代，咨询部门的牛仔精神越来越旺盛，与此同时，安达信的审计部门也感受到了来自另一方的冲击。一些会计师显然是被新的商业机会冲昏了头脑，他们开始放松了长期以来一直坚持的审计业务正直、诚实的使命对自己的严格要求。

在 20 世纪 90 年代的绝大部分时间里，安达信不过是一家自己同自己较劲的公司。咨询部门一直在补贴审计部门，他们并不乐意这样做。同样，你可以确信审计部门这边对于咨询部门那种虚张声势的作风也不感冒。

面对如此矛盾的状况，大家该如何回答企业的根本问题呢：“我们的使命究竟是什么？”“什么样的价值观才是最要紧的？”“我们应当采取什么样的行动纲领？”根据员工们职位的不同，他们的答案也南辕北辙。所以，安达信才会发生合伙人之间为了公司的利润分配而闹上法庭的事情。

终于到了 2002 年，事务所倒闭了。在这个过程中，公司使命和价值观之间存在的冲突扮演了十分重要的角色。

在用人上，杰克·韦尔奇首先把价值观放到优先考虑的位置。在用人方面，他采用了一个矩阵，以“能力”和“核心价值观”两个因素组合，作为考评、选拔和辞退人的一个标准，被称为“韦尔奇矩阵”（见图 6-1）。

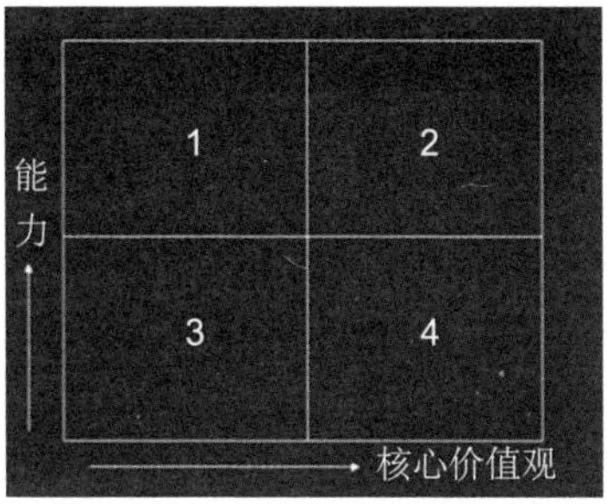

图 6-1 韦尔奇矩阵图

以“能力”为纵坐标，越往上为能力越大；以“核心价值观”为横坐标，越往右为对于企业的核心价值观认可程度越高。这样可以划分成 4 个象限，我们可以按照这样的划分标准把企业的员工分别放到 4 个象限中去（图 6-1 中的 1、2、3、4）。那么，对于这 4 个象限的员工应该如何使用呢?

1 象限：个人能力强，核心价值观认可度低：弃用。

2 象限：个人能力强，核心价值观认可度高：重用。

3 象限：个人能力差，核心价值观认可度低：弃用。

4 象限：个人能力差，核心价值观认可度高：帮用、留用。

无独有偶，马云在团队建设上也非常看重价值观。马云说：“一个人能力不行，可以培养，如果价值观不对，是培养不出来的。”所以，不要花太大的精力试图改变不符合公司文化和要求的人。

通过以上分析发现，选择核心价值观一致的团队成员是组建团队的先决条件。由于团队成员的出身不同、成长经历不同、学历不同，每个人的价值观也不可能完全相同。对于不同的价值观，我们一贯坚持的原则是：大处统一，小处尊重。在公司核心价值观方面，必须一致，如果不一致，只能出局；在非原则的问题上，团队成员之间要相互尊重彼此不同的价值观，不要把自己的价值观强加给别人。

团队不等于团伙

什么叫团队？团队是一群有共同使命，为达到共同目标而在一起合作的人。团队有三个要素，第一个要素是共同使命，第二个要素是共同目标，第三个要素是相互合作。具备这三个要素才能称得上是团队。

团队与团伙、群体有何异同之处？

团队与团伙的共同之处在于都能够形成 1+1>2 的效能；区别在于团队是靠使命把大家结合在一起，而团伙是靠利益把大家结合在一起，没有利益就散伙。

团队与群体的相同点都是人员的集合，区别有两点：一是有无强烈的目标，二是成员间能否有效配合。团队成员之间有共同的目标，彼此之间相互有效合作。而群体成员之间缺乏共同目标，成员之间缺乏有效配合。

团伙转为团队，不是人员发生变化，也不是干的事改变了，而是文化使然。我们可以看一下梁山团队的演变就能认识到文化的价值。谈到梁山的团队文化，就不能不谈到梁山的三任领导人。

第一任领导王伦，本是一名落第秀才，在后周皇室后裔柴进的资助下，与杜迁、宋万、朱贵一起开创了梁山基业。王伦最大的性格特点是嫉贤妒能、贪图苟安，这也就预示了他领导下的梁山，在乱世之中不可能有更大的发展。

第二任领导晁盖，原为东溪村保正，为人仗义疏财。上了梁山之后，依然只是想着“大块吃酒肉，大秤分金银”，这种朴素思想对于生活于社会底层（如阮氏三雄之类的渔民）和边缘地带（如刘唐之辈的无业游民）的人们来说，当然有一定的吸引作用。但当组织成员日趋复杂，朝廷降将、地方豪绅纷纷入盟之时，作为团队领袖的晁盖，并没有给团队指出一条明确的出路。晁盖担任梁山头领，梁山108个兄弟其实还是团伙，说白了就是“黑社会”，靠利益把大家结合在一起。而使团伙蜕变成团队的人是宋江。

自从宋江当了梁山寨主之后，他做的第一件事情就是树了一面大旗，上绣“替天行道”四个大字，同时将“聚义厅”改为“忠义堂”，梁山也由此有了自己的理念识别。“替天行道”其实就是梁山团队的使命，“忠义堂”其实就是梁山团队的核心价值观。无论是王伦也好，晁盖也好，宋江也好，他们三个人做梁山的最高领导者，带领大家干的事都一模一样，但是说法却不一样，同样是打家劫舍，晁盖叫劫富济贫，而宋江叫替天行道。所以，团队领导者要给团队成员所干的事找到一个“说法”，让大家感觉到这个事的意义非同凡响。俗话说“名不正，言不顺，言不顺，事不成”。唐僧师徒四个人去西天不是为了成佛，而是普度众生；八仙过海不是为了成仙，而是化解瘟疫，普度东海在完成团队使命的同时，也实现了个人的成功。唐僧师徒团队不但普度了众生，最后也成佛了；八仙团队不但化解了瘟疫，普度东海，而且各显神通，都得道成仙了。所以，真正的团队不是否认个人的正当利益。恰恰相反，最终也是实现个人正当利益的最大化。正如马云所说：“什么是团队呢？团队就是不要让另外一个人失败，不要让团队任何一个人失败。”只不过，团队中的每个人都是为了共同的使命而去工作，绝对不是因使命掩盖自己的个人私利，在实现团队使命的同时，个人的利益自然而然就获得了。

团队的六个统一

好的团队就是一个乐队，尽管每个人演奏的乐器不同，但是必须按照指挥的指挥棒来进行演奏，否则会出现不和谐的音符。正如一个顺口溜说的“一人一把号，各吹各的调，围着主旋律，不能吹跑调”。也就是团队必须讲究“统一”。要形成一个有战斗力的团队，必须做到六个统一：统一领导、统一思想、统一目标、统一规则、统一行为、统一声音。

1. 统一领导

任何团队只能有一个核心，只能有一个人发出声音，只能由一个人做最终决策。所以，如果团队中有两个核心，甚至有两个人发出不同声音，最终结果就是混乱。在管理学上有个“手表定律”，说的是有两块以上的手表并不能帮人更准确地判断时间，反而会制造混乱，让看表的人失去对时间的判断。

2. 统一思想

作为团队领导要经常做员工的思想工作，王永庆就是做思想工作的老手。王永庆认为，业绩不是讲出来的，而是自然产生的，团队管理得好，自然有业绩。王永庆不强调业绩，而重视三个方面：

第一，他希望跟下属有相当程度的共识，这样步调才会一致，不会有分歧。

第二，他要求下属不断地改善，坚持不懈，但不具体要求他们干什么。

第三，他要求下属严格执行他的命令，不得有丝毫马虎。

3. 统一目标

目标是团队的前提，没有目标就称不上团队，因为先有了目标才会有团队。团队目标，只是团队目标管理的第一步，更重要的是第二步的统一团队目标，要让团队每个人都认同团队目标，并为达成目标而努力工作。如果没有统一的目标，再多的努力都是白费。

梁山团队最终失败的原因在于没有一个统一的目标。在梁山团队后期，出现了截然不同的目标，以宋江为代表的一群人目标是招安；以李逵为代表的一群人目标是推翻朝廷；以武松为代表的一群人目标是继续占山为王。所以，最终由于没有一个统一的目标，团队成员各自为了自己的目标而各奔东西。唐僧团队之所以取得了“真经”，修成“正果”，就是师徒四个人的目标统一，虽然各自有不同的意见，但是最终还是全力以赴地去实现共同的团队目标。

4. 统一规则

一个团队必队有它的规则，规则是告诉团队成员该做什么，不该做什么。不能做什么是团队行事的底线，如果没有设定底线，大家就会不断地突破底线，一个不断突破行为底线的组织是不能称其为团队的。

在阿里巴巴这个团队，马云认为无论是谁，无论功劳多大，无论能力多强，都不能挑战公司的核心价值观，不能突破这个底线。马云认为：“价值观、使命感和共同的目标，是公司最值钱的东西。”

2011 年 2 月 21 日，阿里巴巴 B2B 公司宣布，为维护公司“客户第一”的价值观及诚信原则，2010 年公司清理了约 0.8% 逾千名涉嫌欺诈的“中国供应商”客户，公司 CEO 卫哲、COO 李旭晖因此引咎辞职，集团首席人力官邓康明引咎辞去 CPO 职务、降级另用。同时公司严肃处理了近百名负有直接责任的销售人员。阿里巴巴 CEO 卫哲说：“我申请辞职的原因是我作为 CEO 没有尽到作为阿里巴巴价值观捍卫者的最重要的职责！我的辞职对公司内外一定震动很大，但我相信这样的震动甚至阵痛是必要的，健康的。没有这样的震动，不足以重新唤醒我们的使命感和价值观；没有这样的阵痛，不足以表明我们为客户第一愿意付出的代价！”

阿里巴巴每年都为员工准备一盒月饼，但是2016年的月饼尤其抢手，于是阿里巴巴临时开发了一个内部预定网络页面，供大家以成本价抢购剩余的月饼。然而，阿里巴巴安全部门的4名员工以及阿里云安全团队的1名员工“抖机灵”，采用技术手段作弊，一共刷了133盒月饼。针对这几名员工，阿里巴巴在9月14日做出全部劝退的决定。阿里巴巴集团首席人力官蒋芳在公开信中表示，这不是一个容易做出的决定，但必须坚信正确的方向和公司文化。

马云在阿里内部就此事发出了自己的声音：“诚信，是阿里巴巴最珍视的价值观基础。我们希望释放一个强烈信息，就是任何有损我们文化和价值观的行为均不可接受。我们必须采取措施捍卫阿里巴巴价值观！”

5. 统一行为

一个团队在行动的时候要相互沟通与协调，让行动统一有序，使整个流程合理地衔接，每个细节都能环环紧扣。团队内部每个人的行为不是孤立的，而是彼此相互影响。作为团队成员，每个人在行动之前都要考虑自己的行为对其他团队成员的影响，而且必须遵守团队的统一规则去行动，按照流程和职责去行动。

在统一行动方面，我们需要学习一下狼的团队协作精神。在《狼图腾》中有这样一段描述：“一个狼群就是一支训练有素的部队，群体奋斗，协同作战，这就是狼的纪律。”狼者，群动之族。攻击目标既定，群狼起而攻之。头狼号令之前，群狼各就其位，欲动而先静，欲行而先止，且各司其职，嚎声起伏而互为呼应，默契配合，有序而不乱。头狼昂首一呼，则主攻者奋勇向前，佯攻者避实就虚，助攻者蠢蠢欲动，后备者厉声而嚎以壮其威……

6. 统一声音

声音是否统一，是衡量一个乐队演唱水平的重要标准之一。同样，对外发出的声音是否统一，是衡量团队是否优秀的重要标准。团队有各种人，但来自团队的声音只能有一个。团队建设的大忌就是“开会不说会后乱说”“当面不说背后胡说”，一个团队若是出现了多种不和谐的声音，就会大大降低团队的和谐与稳定，降低团队建设的效率与成果。在团队内部，不允许发表对团队不利的话，不能在内部传播负能量。团队建设允许有合理的冲突，但不意味着杂乱无序，统一的声音就意味着统一的方向。

团队的三个条件

1. 自主性

自主性就是团队成员在日常工作中能够自主、自动、自发地工作，而不是靠别人监督。靠别人来监督行动的不是团队，而是一个工作组。

2. 思考性

思考性就是团队成员在日常工作中要善于发掘问题，善于解决问题，并定期对自己工作中的流程进行改善，不断地对自己的工作进行改进。在一个缺乏思考性的团队中，团队成员依赖于团队领导者去解决问题，而自己从不主动地思考工作中存在的问题以及解决问题的方法。

3. 合作性

合作性就是团队成员之间彼此衔接工作中的断层，彼此进行合作和补充。在团队合作中，尽量避免冲突的发生；即使发生冲突，也会通过沟通进行化解，最终通过合作实现团队利益最大化。

建立优秀团队的九大步骤

1. 找到合适的队员

建立一个高绩效的团队首先从选择合适的队员开始。很多团队往往出现很多问题，其实在最关键的一步——选人方面就已经为团队留下了隐患。

如何保证选出的人是适合团队的人呢？

（1）选最适合的人，而非最优秀的人

俗话说“一个萝卜一个坑”，我们选“萝卜”是根据“坑”来选择，选最适合的“萝卜”，而不是最好的“萝卜”。有些人虽然各方面比较优秀，但是未必适合这个团队。正如马云所说：“阿里只招正确的人，而不一定是最优秀的人。市场上不存在‘最优秀的人’，优秀的人都是需要公司培养出来的。如果你招来的人非常优秀，但他不适合你，那就好比把波音 747 引擎安装在拖拉机上一样。”越是优秀的人，他的要求就会越高，很多企业目前可能满足不了这些优秀人才的要求，即使能招来，但是未必留得住。我们选人的目的，不是为了装面子，而是为了使用，为团队产生效益，优秀的人未必能比适合的人产生更大的效益。

（2）选人看潜力，而非看学历

优秀人才的选拔，截至今日，已经经过了四个时代的变迁。第一个时代，20 世纪以前，衡量人才的标准是强壮；第二个时代，20 世纪 80 年代以前，人才的标准是智商；第三个时代，20 世纪 70 年代～ 2010 年，衡量人才的标准是能力；第四个时代是现在，衡量人才的标准是潜力。

什么是潜力？潜力是指员工拥有晋升更高级别管理岗位或者更具专业性质岗位的能力。

在西门子公司，潜力标准有如下几点：

1）智慧：洞察问题本质，给出可靠的、富有想象的、充满智慧的方案或策略，并制订具体可行的计划；

2）系统思考：分析复杂情形和任务，综合各方面信息，概括出自己的观点和看法，善于因果关系分析；

3）自我激励：寻求快速增长、高绩效的创新以及挑战性的业务，善于抓住机会，主动给自己设定挑战性的目标；

4）学习能力：快速应对困难、不熟悉或模糊情景和任务的能力；

5）教育背景：学校教育背景，尤其本科教育是预测潜力的重要特质；在联想公司，潜力的标准有如下几点：

6）成就欲望：有抱负、有理想，渴望获得更高的挑战机会；是否有向上发展的愿望；

7）学习能力：专业技能的掌握情况；是否肯学习，是否会学习；

8）聪慧：聪明程度，对问题反应的敏捷程度，能否快速洞察问题的本质；

9）前瞻力：站高位，考虑问题有前瞻性且具有很好的商业眼光。

（3）选人重点在内部，而非外部

选人的途径无非有两个：一是内部选拔，二是外部招聘。内部选拔与外部招聘比较，各有优缺点。

与外部招聘相比，内部选拔的优点：成本低，风险小，适应强，融合快。

内部选拔的缺点是近亲繁殖，思维模式固化；不利于“新鲜血液”的涌入；如果操作不公，会打击员工工作积极性。

与内部选拔比较，外部招聘的优点：可以引进“新鲜血液”；对内部产生冲击，产生“鲇鱼效应”；给组织带来新的思维模式。

外部招聘缺点：风险大、成本高，空降兵难存活，适应慢。

在选人上，这两种途径各有利弊，但是团队应倾向于内部选拔为主，外部招聘为辅助。

“多用子弟兵，少用空降兵”，是马云经过惨痛的经历得出的结论。他说：“2001 年，我犯了一个错误，我告诉我的 18 位共同创业的同仁，他们只能做小组经理，而所有的副总裁都得从外面聘请。现在十年过去了，我从外面聘请的人才都走了，而我之前曾怀疑过其能力的人都成了副总或董事。我相信两个信条：态度比能力重要，选择同样也比能力重要！”

1994 年成立的海底捞，经过 20 多年的发展，已经成为一家以经营川味火锅为主、融汇各地火锅特色为一体的大型跨省直营餐饮品牌火锅店。海底捞目前拥有近 2 万名员工，同时也拥有一批食品、饮食、营养、工程、仓储、管理等方面的专家和专业技术人员。海底捞现有 117 家直营店，四个大型现代化物流配送基地和一个底料生产基地。2018 年 9 月 26 日，海底捞正式登陆香港资本市场。当然海底捞成功的原因是多方面的，其中一个主要的成功因素是海底捞公司的内部晋升机制。在海底捞，除了工程总监和财务总监之外，所有干部都必须从一线服务员做起，海底捞几乎所有的店长都是内部培养起来的。内部选拔管理人才，既能够为员工打开一条向上发展的通路，同时又可以节省一笔外聘优秀店长的费用。

（4）团队重点互补，而非精英

寓言故事：现今寺庙的布局是庙门口笑脸迎客的弥勒佛，在他的背面是掌管香火的黑脸韦陀。但相传在很久以前，他们分别掌管不同的寺庙。弥勒佛热情快乐，所以来的人非常多，但他没有好好管理账务，入不敷出；而韦陀虽然管账是一把好手，但成天黑着个脸，来的人越来越少。佛祖在查香火的时候发现了这个问题，就将他们俩放在同一座庙里，在两个人的分工合作下，庙里呈现出一派欣欣向荣的景象。这则故事主要揭示了优势合作能够带来良好效益，能力互补能形成合力。它给我们的启示是在团队建设时，如果能够做到成员之间的优势互补，那么人与人的合作就会一加一大于二。

在这个世界上永远没有完美的个人，每个人都是优点与缺点相伴相生。正是因为每个人都有缺点，团队恰恰能通过不同人的优势互补而完美。所以，一个好的团队在于其互补能力，而非精英能力，团队最大的失败在于品种单一，性格和能力不互补。

马云认为，“《西游记》团队是最完美的团队”，其中很重要的原因在于团队成员能力和性格都是互补的。唐僧这个人，原则性强，目标坚定，意志力强，品德高尚，具有较强的成就欲望，但是降妖除怪的技能不足，他相当于公司的总经理。总经理这个岗位不需要专业技能较强，只需要目标坚定、意志力强和具备较强的成就动机就可以了，做业务、搞技术可以让专业人士去做。孙悟空这个人，专业能力强，争强好胜，做事风风火火，人脉关系比较广，但是过于急躁，不太遵守纪律，他相当于公司的营销部经理；猪八戒，善于协调人际关系，风趣幽默，时刻为领导着想，但是原则性不强，意志不太坚定，相当于公司的办公室主任的角色。沙和尚，重职责，守纪律，原则性强，做事踏实，任劳任怨，不多言多语，但是灵活性不足，沟通能力欠缺，相当于财务部经理或后勤部经理的角色。正是四个角色性格和能力互补，才组成了完美的团队。试想一下，如果这个团队全部是唐僧，根本不能到达西天；全部是孙悟空，天天争斗，无暇取经；全部是猪八戒，别说女儿国了，高老庄就出不去；全部是沙和尚，大家倒是做事很踏实，但是解决不了取经路上的难题。所以，这个团队一个都不能少。

在《亮剑》中，团长李云龙的性格与政委赵刚的性格就是互补的。李云龙草莽出身，敢打敢拼，做事雷厉风行，性格粗犷，性情暴烈，不拘小节，思路活跃，缺点就是做事莽撞、冲动，组织纪律性差。而政委赵刚是一个有文化底蕴、性格内敛、沉稳理性、循规蹈矩的人，其缺点就是过于谨慎，魄力不足。这两个人一文一武，优势互补，相得益彰，是一对绝佳搭档。试想一下，如果李云龙的性格与赵刚一样，过于谨慎，而贻误战机，那么就没有“明知不敌，敢于亮剑”的“野狼团”了；如果赵刚的性格与李云龙一样，其结果是双方会出现争斗，而且老是会犯严重的错误，独立团也不会存在了。

2. 设立共同的目标或远景

共同的目标既是团队的核心文化，又是团队的共同价值观。目标是对远景的规划，它使团队成员团结在同一面旗帜下，并从心理上对团队目标产生认同，形成团队文化。

1961 年 5 月 25 日，时任美国第 35 任总统的肯尼迪在参众两院的特别会议中宣布了阿波罗计划：“我相信我们能够齐聚一心全力以赴达成这个目标，即在 1970 年以前，让人类乘坐宇宙飞船登陆月球并且安全返回。没有任何一个太空项目能够超越它对人类的影响，超越它对宇宙远程空间探索的重大作用，也没有一个太空项目开发如此困难，花费如此昂贵。”肯尼迪做了一场豪赌。在他说出这个计划的时候，美国载人航天飞行只有 15 分钟的经验，美国拥有的最大火箭的推力只有登月火箭所需推力的 5%。但是，正是这个共同的远景和目标团结起了超过 400 万工程技术人员和管理人员，超过 120 所大学和 2 万家企业对阿波罗计划进行各种各样的支持。在尼尔·阿姆斯特朗于 1969 年 7 月 20 日登上月球的时候，就已经有人在思考阿波罗计划成功的原因了。一个叫作“管理革命”的理论还未成形。借助阿波罗计划，美国有史以来第一次实现了政府、企业和大学的如此大规模的分工协作。阿波罗计划的总投资为 194.08 亿美元（至 1973 年）。1960 年至 1973 年，NASA 总预算 566.61 亿美元。阿波罗计划的年度预算和美国航天局的年度预算的最高峰都出现在 1966 年。1966 年美国 GDP 是 8150 亿美元，而当年阿波罗计划的年度预算 29.67 亿美元，占美国 GDP 的 0.4%；当年 NASA 年度预算 45.12 亿美元，占美国 GDP 的 0.6%。阿波罗计划的成功不仅仅是技术上的，更是管理上，从更深远的层次来说，可以说也是政策上的成功。

3. 相互信任

团队要建立互信的文化，彼此相互欣赏。互信，可以提高团队的凝聚力，可以增加团队成员的归属感，同时也可以降低沟通的成本，提高团队合作的效率。

作为管理者，信任员工也是对员工的一种激励。

刘备与东吴的大战失败后，在白帝城病危。他临终前召集诸葛亮等人，对诸葛亮说：“君才十倍曹丕，必能安国，终成大事。若子嗣可辅，辅之；如其不才，君可自取。”诸葛亮说道：“臣敢竭肱骨之力，效忠贞之节，继之以死！”刘备又召刘禅说：“汝与臣相从事，事之如父。”刘备在临终之前，将自己的儿子托付给诸葛亮，还把所有的权证都交到诸葛亮的手中。正是这种信任，不断地激励诸葛亮不但精心辅佐后主刘禅，还六出祁山北上伐魏，最终鞠躬尽瘁死而后已。

太平天国运动是 19 世纪中叶中国最大的一场大规模反清运动，在最强盛时期，曾占有中国的半壁江山，其势力发展到 18 个省，实际控制的区域发展到 23 个州府，总面积超过 150 多万平方公里。这场声势浩大的运动最终还是失败了。当然，失败的原因有主观原因，也有客观原因。在主观上，最大的问题在于团队内部相互不信任。在高层管理团队内部出现了争权夺利，相互防备，相互掣肘，最终导致领导集团内部的相互残杀，产生了最大的领导危机，大大削弱了团队的战斗力。

4. 充分沟通

沟通是合作的开始，优秀的团队一定是一个沟通良好、协调一致的团队。没有沟通就没有效率。沟通带来理解，理解带来合作；同时，沟通也是一个明确目标、相互激励、协调一致、增强团队凝聚力的过程。很多团队内部出现问题，就是因为不去沟通、不愿沟通和不会沟通。

我们看一个因为缺乏沟通造成障碍的小故事：

一位教授精心准备一个重要会议上的演讲，会议的规格之高、规模之大都是他平生第一次遇到的。全家都为教授的这一次露脸而激动，为此，他老婆专门为他选购了一身西装。晚饭时，老婆问西装合身不，教授说上身很好，裤腿长了那么两厘米，倒是能穿，影响不大。

晚上教授早早就睡了。老妈却睡不着，琢磨着儿子要举办这么隆重的演讲，西裤长了怎么能行，反正人老了也没瞌睡，就翻身下床，把西装的裤腿剪掉两厘米，缝好烫平，然后安心地入睡了。早上五点半，老婆睡醒了，因为家有大事，所以起来比往常早些，想起老公西裤的事，心想时间还来得及，便拿来西裤又剪掉两厘米，缝好烫平，惬意地去做早餐了。一会儿，女儿也早早起床了，看妈妈的早餐还没有做好，就想起爸爸西裤的事情，寻思自己也能为爸爸做点事情了，便拿来西裤，再剪短两厘米，缝好烫平。

这个裤子还能不能穿？

故事中的主人公们因为沟通不到位，付出了三倍的劳动得到的结果却是废了一条裤子。究其原因是缺乏沟通。在企业中很多事情没有人去做，有些事情重复去做，还有很多事情的停顿和成本浪费都是因为沟通出了问题。

松下幸之助有句名言：“企业管理过去是沟通，现在是沟通，未来还是沟通。”管理者的真正工作就是沟通。不管到了什么时候，企业管理都离不开沟通。

有资料表明，企业管理者 70% 的时间用在沟通上。开会、谈判、谈话、做报告是最常见的沟通方式，还有对外拜访、约见等。另外企业中 70% 的问题是由于沟通障碍引起的，无论是工作效率低，还是执行力差，领导力不高等，归根结底都与沟通有关。因此，提高管理沟通水平显得特别重要。

团队内部出现矛盾，其实不是问题，问题是在出现问题后不去主动地沟通和交流。绝大部分工作中的问题，都可以通过沟通去解决。

所以，团队内部要提倡开放的沟通，增加沟通的频次，采用多种形式的沟通加强团队内部的交流。沟通可以采用正式沟通的方式，比如开会、面谈、讨论等；也可以采用非正式沟通的方式，如吃饭、喝茶、打球、春游等。

5. 提倡合作的意识和文化

团队就是让一群平凡的人去干不平凡的事。现在是一个合作共赢的时代，是一个抱团打天下的时代，单打独斗的时代一去不返了，所以团队要摒弃“个人英雄主义”，弘扬团队合作精神，增强团队成员的合作意识。

如何提倡合作精神和文化？方法有二：

（1）以身作则

詹姆斯·M. 库泽斯和巴里·Z. 波斯纳合著的一本书《领导力》中指出领导者要做出五种行为：以身作则、共启愿景、挑战现状、使众人行、激励人心。其中以身作则就是要求管理者明确自己的理念，找到自己的声音，使行动与共同的理念保持一致，为他人树立榜样。理念是团队指路的明灯，是我们做人的“底线”，是行动的指南，是授权，是动力。领导者必须站出来维护自己的信念，发出自己的声音，同时语言与行动必须一致。

在以身作则方面，处于各个等级水平的团队的典型特征是：

低分——自己埋头干活，但不说，只用行为来影响别人，却没有使别人了解自己的做事理念和原则。

中等——自己亲自做事，同时也说明自己的信念与原则，会让别人遵循自己的方式、跟着自己的示范去做事。

高分——提前说好大家应该怎么干，自己带头去干，兑现自己的承诺，而且边干边鼓励和引导他人，使众人形成统一的行为规范。

（2）树立标杆

发现企业员工中典型的团队合作精神和行为予以及时关注，并提炼成案例故事在公司内表彰、奖励和宣导。为了使员工的行为形成习惯，进而形成公司的文化，必须对鼓励的行为进行奖励，让大家纷纷效仿。管理学有个法则，也是世界上最简单的法则——拉伯福法则（拉伯福定律），这个法则是这样说的：人们会去做受到奖励的事情，错误的奖励会导致员工错误的行为。比如我们提倡团队合作就不要奖励“个人英雄主义”，提倡贡献，就不能奖励加班。但是，很多企业却本末倒置，要求员工有团队精神，却牺牲团队利益奖励那些投机取巧的人。

有个寓言故事是这样的：

渔夫看到船边有条蛇，口中正衔着一只青蛙。渔夫动了恻隐之心，把青蛙从蛇的口中救了出来。但渔夫又为蛇将挨饿而难过，便拿出一瓶酒，往蛇的口中滴了几滴。蛇高兴地游走了，青蛙也为重获新生而高兴，渔夫则为自己的善举而感到快乐。他想，这真是皆大欢喜！没料到，仅仅过了几分钟，渔夫听到有东西在叩击他的船板。他低头一看，那条蛇又回来了，而且嘴里咬着两只青蛙——它来讨要更多奖赏！

渔夫的本意是希望蛇不再捕捉青蛙，但是由于怜悯而给了它几滴酒——这是奖励而不是惩罚，结果事与愿违。你奖励了什么行为，就会得到更多这样的行为。所以，这则寓言告诉我们的是，别去奖励那些错误的行为。

6. 团队学习和共享

老子曰“既以为人，己愈有，既以与人，己愈多”，给予别人越多，自己就会获得越多；你跟别人分享越多，你自己提升得也就越快。助人者，人恒助之；布施者，会有成倍的回报。一个相互学习和分享的团队成长速度也是惊人的，这个团队也最有生命力和战斗力。我们看一下山雀和知更鸟的案例：

19 世纪 30 年代以前，英国一些村庄周围有山雀，也有知更鸟，牛奶公司送到各家各户门口的瓶装牛奶是没封口的，奶瓶没有盖子，知更鸟和山雀便在顾客开门收取牛奶前，抢先一步从瓶口吸取牛奶，从而开发了一种新的丰富的食物资源，让人无法喝到牛奶。人们发现牛奶总是被鸟儿先喝了，心里很不爽。牛奶公司发现这一情况后，便用铝箔封住了奶瓶口，山雀与知更鸟便不再拥有这免费早餐了。

让人奇怪的是，19 世纪 50 年代初期，当地的所有山雀居然都学会了用尖尖的喙刺穿铝制瓶盖，重开免费早餐的大门。

反观知更鸟，却只有极少数学会了用喙刺穿瓶盖的本领。

同样是鸟类，以前同样都会喝免费牛奶，而在牛奶公司加装瓶盖之后，为什么绝大多数山雀会刺穿铝制瓶盖，而只有极少数知更鸟学会用喙刺穿瓶盖的本领呢？

一些鸟类专家通过对这两种鸟类的习性进行观察之后解释说：山雀是一种群居的鸟类，喜欢大家在一块儿交流，年幼时期，就已习惯与同类和平相处，甚至编队飞行。一只山雀发现用尖尖的喙可以刺穿瓶盖后，便把这一发现告诉其他的同伴，这样一传十，十传百，所有的山雀都学会了用喙刺穿瓶盖，可以喝到免费牛奶，有了更多的食物，山雀的数量越来越多；而知更鸟则是排他性较强的鸟类，喜欢独来独往，如果其他鸟来到它的地盘上的话，它还会大叫着把对方赶走，好像别人会侵占它的领地似的，同类之间基本上是以敌对的方式沟通。当一只知更鸟发现用喙刺穿瓶盖的本领时，也就不可能把这一发现与别的同类分享，信息不会得到广泛的传播，知更鸟的数量便日渐稀少。

分享是件奇怪的事，绝不因为你分给了别人而减少；有时你分给别人的越多，自己得到的也越多。分享信息，让山雀的数量不断壮大；保守秘密，让知更鸟的数量日趋减少。你有一个苹果，我有一个梨，互不相通的话，我们就只能吃到自己的梨或者苹果；互相分享的话，我们既吃到了梨，又吃到了苹果，这样的好事，何乐而不为呢？

7. 共进共退的计划

缜密的计划是大家成功的保证，凡事预则立。计划外的事情永远都会发生，关键是如何适时地修订计划。缜密的计划也是提升团队成员达成目标信心的有效方法。在实践中发现，团队在行动之前，制订的计划越周密，考虑越周全，越能保证目标的实现。在团队建设中如何制订共进共退的计划呢？

（1）要用以终为始的思维模式

什么是“以终为始”呢？先说个最简单的例子，我们要建一座漂亮的房子，怎么开始？总不能说，兄弟们，我们先干起来吧，边干边改，这样显然不行。正确的方法一定是：先描绘出想象中的样子，再开始基础设计、主体设计、外墙设计、景观设计、室内设计；然后呢，出各种施工图，最后就是拿着图纸开干。心中有了“终”的样子，才知道如何去“始”，这就是以终为始。所以，团队领导者带领成员制订工作计划之前，应该把需要达到的最终结果呈现出来，把最终达到的“蓝图”勾画出来，以结果来倒推如何开始。

另外，要充分考虑在达到最终结果的过程中会遇到哪些问题，会出现哪些突发事件，并制订出应对这些问题或突发事件的预案。

（2）让团队成员共同参与计划制订

让大家以团队的形式一同制订计划，这会把团队的潜力充分发挥出来。其实共同制订计划的过程比结果更重要，通过大家的参与和讨论，可以让团队成员共同理解计划的必要性、可行性，同时让团队成员由单一的被动执行，变成计划的“主人”，由“客场”变成“主场”。“没有参与，就没有共识；没有共识，就没有行动”。

（3）计划要明确一对一责任

在管理学上有一个责任分散定律，又叫责任稀释定律。责任在人多的环境中，就会像化学溶剂一样被稀释，人越多，个人责任感就会越淡薄。心理学家曾经做过一个研究，他们让一个人在大街上，模拟癫痫病发作，如果只有一个旁观者在场时，病人得到帮助的概率是85%，而有五个旁观者时，他得到帮助的概率却会降低到31%。这说明，很多事情人越多越没有人承担责任。为保证团队最终目标的达成，制订计划必须让人与事形成一对一的责任。一件事情只能有一个责任人，即使有两个责任人，必须明确谁负主责，谁负次责。

8. 跟进和监控

跟进和监控的目的不是为了处罚，也不是为了找问题，而是保证团队步调的一致，防止有人掉队，有人“跑偏”。如果没有跟进和检查，就不能发现团队目前的状态，也不知道哪些地方需要改进，更不清楚哪些人已经落伍和掉队了。正如部队在行军过程中，作为领导者要经常去清点人数，了解部队行军的状况。很多团队都或多或少存在执行力打折的状态，其中一个非常重要的原因就是缺乏跟进和监控，或者跟进和监控的力度不够。对管理者而言，执行力是检查出来的，是盯出来的。

9. 激励

团队是任何企业及项目的基本作战单元，激励是团队中不容忽视的正能量，团队经理如何管理好激励，很大程度会直接影响一个团队的凝聚力、执行力和士气。所谓：矢不激不远，人不励不奋。一个团队有无激励是大不一样的。特别是团队发展遇到困难之时，团队激励就会变得尤为重要。

在《亮剑》中有一个片段：李云龙刚接手独立团的时候，独立团刚打了败仗，被副总指挥骂成“发面团”，全团士气低落，李云龙发挥他的演讲才能，“往后要让鬼子们瞧见，碰到了我们，就像碰到一群野狼，一群嗷嗷叫的野狼。在我们狼的眼里，任何敢于叫阵的对手都是嘴巴里的一块肉，咱们野狼团什么时候改善生活？就是碰到鬼子的时候！”在他的鼓舞下，独立团士气高涨，极度渴望用一场胜利来洗刷之前的耻辱，终于把日本的精锐部队山崎大队给干掉了。

李云龙也善于用业绩考核调动士兵的积极性。在独立团一切用业绩说话。李云龙为了选拔有特长的人，特意杀了一头猪，把全体战士叫到一起，说谁能把他放倒，就有肉吃，没有本事的人站一边去，结果人才选拔出来了。每次打仗前，他都要求士兵在战役完毕后带些东西回来，大到迫击炮、机关枪，小到罐头、衣服，如果谁没带点儿战利品回来，对不起，汤都没得喝。李云龙的部队一开始是装备最差的，后来成了装备最好的队伍。就是在于李云龙将部队化整为零，自己发展，从敌人手中抢武器，抢到了就是本事。组织的根本目的是实现公司给予的目标，这需要每个人用业绩来说话，没有业绩考核的组织，是不合格的组织。

团队角色与分工协作

“金无足赤、人无完人”，团队中每个角色都是不完美的，而团队可以通过优势互补实现完美。团队成员之间性格和能力要实现互补，不能是同质化的组合。这种互补，既是知识、经验的互补，也是性格、能力上的互补。

团队角色理论是英国组织行为学家、英国剑桥产业培训研究部前主任梅雷迪思·贝尔宾提出的一个分析团队角色和团队合作的理论模型。

贝尔宾的团队角色理论的主要观点包括：

第一，在团队中，每个成员都具有双重角色：职能角色和团队角色。职能角色是由个体的专业知识和专业技能所决定的，是工作任务赋予个体的角色；团队角色是由个体的气质、性格所决定的，是个体与其他团队成员交互作用时表现出来的特征模式。在团队中，每个成员都通过同时扮演这两种角色而对团队目标做出贡献。

第二，团队角色包括九种，分别是创新者、信息者、协调者、推进者、监督者、凝聚者、完美者、实干者、专家，其中专家这种类型是1993年新加的一种类型。这些特征不但影响到团队整体的绩效，还影响到个人在团队中的绩效。

第三，一个成功的团队必须包括这九种角色。通过担任不同团队角色的人的优势互补，才能组成有力的团队。这九种角色与团队的规模无关，在很多情况下一个团队成员要承担多种角色，或者多个成员承担一个角色。

第四，不同人有不同的角色偏好，由于个性特征和智力因素的差异，个体可能更适合某些角色，而不适合其他一些角色。团队成员正确认识和发展自己的团队角色知识和能力，能促进团队的有效发展。

贝尔宾教授指出：一个好的团队，既需要出谋划策的创新者，又需要将工作落实和维护的完成者。既需要提供和推广新思想的资源调查者，又需要将概念转变为实际的步骤并执行的执行者。既需要头脑冷静、分析复杂问题的监控评估者，又需要鼓舞士气、促进合作的协作者。在实际操作上，由于团队的规模和工作任务的不同，理论上的九种角色不一定由九个人承担，但九种团队角色的功能不能欠缺和失衡。在组建工作团队时，管理者不但要注意团队成员的职能角色，更要注意各种团队角色的配备，使各种人才各司其职，功能互补；在团队分工上，应使团队成员所承担的角色与其偏好的团队角色相符。在增补团队成员时，应首先分析已有团队的角色组合状况，确定所需的团队角色，通过在招聘过程中对团队人选的角色胜任力的考察，甄选出合适的团队成员。

每个角色在团队中都有其独特的价值和作用。

创新者首先提出点子，信息者及时提供支持，实干者开始运筹计划，推进者希望散会后赶紧实施；协调者想谁干更合适；监督者开始泼冷水；完美者强调细节；凝聚者润滑调适。

团队中如果缺少某种角色，其团队功能的发挥必然受到一定的影响。没有实干者，团队没有成效；没有协调者，领导力会弱；没有信息者，信息闭塞；没有监督者，质量会大起大落；没有凝聚者，团队人际关系紧张；没有完美者，工作质量粗糙；没有推进者，工作效率会降低；没有创新者，思维受到局限；没有专家，技术容易落后。

人人能不断进步，但无人能达到完美，但团队可以通过不同角色的组合达至完美。团队中的每个角色都是优点与缺点相伴相生，领导要学会用人之长，容人之短。

尊重角色差异，发挥个性特征。角色并无好坏之分，关键是要找到与角色特征相契合的工作，要把合适的人放到合适的位置上，最大限度地发挥出每个角色的优势。世上没有绝对的垃圾，只有放错位置的资源。天下万物各有其功用。正如李世民《帝范》中谈如何用人时说：“故明主之任人，如巧匠之制木。直者以为辕，曲者以为轮，长者以为栋梁，短者以为栱桷。无曲直长短，各有所施。明主之任人，亦由是也。智者取其谋，愚者取其力，勇者取其威，怯者取其慎。无智愚勇怯兼而用之。故良匠无弃材，明君无弃士。”

在了解了每个角色优劣势的情况下，有人会问：到底发挥优势更容易成功，还是规避自己的缺点更容易成功呢？答案是把优势发挥到极致必然会成功，不要把时间浪费在弥补自己的缺点上。任正非谈到发挥优点和规避缺点这个问题时，他这样说：“在人生的道路上，我觉得充分发挥自己的优势最重要。比如说我英文不好，但是不等于说我英语能力不行，大学时我是英语课代表，同时还自学了日语，都能进行简单交流。但 20 年军旅生涯没有使用这个工具的机会，就生疏了。当我走向新的事业的时候，虽然语言对我很有用处，但我发现我最主要的优势是对逻辑及方向的理解，如果用过多精力去练习语言，可能对逻辑的理解就弱化了。我放弃对语言的努力，集中发挥我的优势，这个选择是正确的。对我来说，可能英文好，在人们面前会挺风光的，但我对社会贡献的价值就完全不一样了。于是我就集中精力充分发挥我的优点。”无独有偶，陈春花教授也有类似的观点，她这么说：“我最恨的就是你们老犯同样的错误，然后还经常做自我批评，那么这种反省是没有意义的。一个人对自己最重要的激励就是发挥长处，而不是不断地反省。我曾经有个观点：人生只有这么长，你拿这么长的时间去发扬优点，和你拿这么长的时间去改正缺点，肯定是发扬优点的功能大一些，所以你反省的时间不要太多。”所以，发挥优点的优势远远大于弥补缺点。有人还会问：缺点怎么办呢？这正是团队的价值所在，缺点可以通过互补型的团队成员去弥补。

团队中问题员工的管理

在团队中每个成员的性格特征都大相径庭，在管理者眼中都或多或少地存在着这样那样的问题。如果这样的问题不至于影响到员工的绩效和团队的和谐，管理者要有包容的心态，容忍员工的缺点和不足。如果员工的缺点影响了员工的绩效和团队的稳定，管理者要及时地进行干预，去化解员工的“问题”。很多问题员工之所以成为“问题”，是因为员工的“问题”没有得到及时解决。所以，管理者要时刻关注员工的表现，主动化解员工的问题，帮助员工实现自我的突破，提升团队的整体绩效。

在团队管理中，常见的问题员工有以下八种类型：

1. 功高盖主型员工

这类员工可以分成两种不同的类型，一种是服从型，另一种是不服从型。

（1）服从的功高盖主型员工管理方式

1）不要吝啬自己夸奖的语言。

2）管理者在表扬时要注意方式（不要表扬时打击士气）。

3）管理者不要试图抢夺下属的功劳。

4）适当地夸大对员工的表扬力度，给他们更有挑战性的任务。

（2）不服从的功高盖主型的员工管理方式

1）对其较易实施领导权的部分实施管理。

2）经常与员工沟通，强调原则。

3）分配给不服从者需要团队合作和领导辅助的工作。

4）领导反省自己的缺点。

5）变更员工的业务范围。

2. 完美主义型员工

（1）特点

1）洞悉他人的敏锐，工作忙乱时的细微观察。

2）思维严谨，始终如一的处事目标。

3）只要事情值得做，必有做好的决心。

4）任何事情有条不紊，精细准确，一丝不苟。

5）善于分析别人弄不清楚的问题。

（2）不足

1）不善变通。

2）对自己和别人要求都很高。

3）工作进度容易落后，甚至无法交差。

4）拖延。

（3）管理方式

1）让他担任参谋型的角色，发挥他们精确、一丝不苟的优点。

2）要知道他们敏感而容易受到伤害。

3）提出周到、有条不紊的办法（标准清晰明确）。

4）列出是否按时完成的优点与缺点。

5）让他们练习提早交文件并认同。

6）保持自身良好的形象。

3. 闷葫芦老黄牛型员工

（1）特点

1）稳定保持原则，周围都惶恐不安时，仍保持头脑冷静。

2）善于倾听。

3）忍受惹事者。

4）天赋的协调能力，可以将相反的力量融合。

5）没有任何把柄。

（2）不足

1）使人感觉压抑和沉闷。

2）过于敏感。

3）缺乏主见。

4）摸不透其心中的想法。

（3）管理方式

1）尊重对方性格特点（需要帮他拿主意，给他建议）。

2）耐心，不过分热情。

3）说话时要先从自己谈起，多问封闭式的问题。

4）把目标定得明确，讲得清楚，并让他复述一下任务。

5）尝试新鲜事物，组织丰富多彩的活动感染员工。

6）培训，让他掌握说出自己感受的技巧。

4. 标新立异型员工

（1）特别

1）不安定，违反纪律，煽动情绪的倡导者。

2）聪明好动，个性鲜明。

3）思考不拘于形式，有各种奇思妙想。

4）公司制度对他们来说是个障碍，是人力资源部门永远的痛。

（2）管理方式

1）尊重特点。

2）适才适岗。

3）多沟通让其了解制度的重要性。

4）制定明确目标，启发其在公司长期规划中发挥作用。

5）审视一下公司流程和制度是否束缚了员工。

5. 独善其身型员工

（1）特点

自己干事干净利索，但是别人的事情多到做不完，请他帮忙时，他却说“那又不是我的事”。

（2）管理方式

1）直接当面沟通，人人都可能碰到需要别人帮忙的时候，自己永远无法一个人单枪匹马完成。

2）故意交办艰巨任务让他焦头烂额，然后指派别人帮助他。

3）分派必须与整个团队分工合作才能完成的工作。

4）对经常帮助别人的员工颁发团队奖项。

5）分派一个独善其身型员工做他的下属，让他感受一下。

6. 做事拖拉型员工

（1）特点

平时工作成果还算不错，但唯一缺点是常常拖延，主管已经提醒多次，但是改不掉。

（2）管理方式

1）明确描述目标（包括时间标准及要求），让他没有躲闪空间。

2）将整个任务切割成容易达成的分段任务。

3）让员工自己定期限，但要经常去关心。

4）在分派任务时，要提醒员工提出需要的支持，让他没有借口拖延。

5）暗示他如果拖延会拖累同事，告知拖延的坏处。

7. 挑剔找茬型员工

（1）特点

1）泼冷水。

2）妒忌别人的成就。

3）自己本身有不安全感。

（2）管理方式

1）事先跟他商量，让他有参与感。

2）尽量用“咱们”。

3）先寻得别的同事的支持。

4）反将一军。

5）不做人身攻击，以免两败俱伤。

8. 只做事不报告型员工

（1）特点

从头到尾不报告，闷着头做，一直到出现大问题，或者执行的方向根本不对了，才让主管知道。

（2）管理方式

1）明确告诉员工他疏于报告造成的后果，以及疏于报告可能让他原本不错的绩效打折扣。

2）告诉员工只要“不太明确”该不该报告就选择报告。

3）让较内向的员工可以用写字条或留言的方式报告。

4）设置专用的留言板，让员工把可以公开的即时资讯都写上。

5）主管要自己表现出对报告的重视，并认真看报告后给予反馈。

由于这八种类型的问题员工表现各不相同，对他们的管理方式也要因人而异，其最终目的都是帮助问题员工不断改善自己的“问题”，实现自我的成长。

书 摘